JN418804

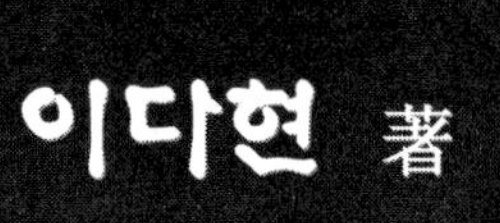

Eureka · Digerati · BoBos

에듀컨텐츠

http://www.ecbook.biz

EduContents B&B Book & Brain

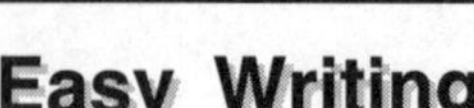

Easy Writing

발 행 일	초판1쇄 • 2009년 8월 25일
발 행 인	李 相 烈
서 명	**Easy Writing**
저 자	**이 다 현** 著
발 행 처	에듀컨텐츠휴피아 B&B
출판등록	제22-682호(2002년 1월 9일)
주 소	서울 송파구 문정동 11-8번지 2층
전 화	(02) 443-6366
팩 스	(02) 443-6376
e-mail	huepia@daum.net
홈페이지	http://www.ecbook.biz
만든사람들	기획 • **성화연** / 책임편집 • **송정은** / 표지디자인 • **이정희** / 영업 • **이강민**
정 가	**12,500원**
ISBN	**978-89-6356-017-5** (93740)

머 리 말

쉽게(easy) 서로의 기쁨(joy)을 추구하고 풍만한 행복을 함께 하자.

원서 교재는 대부분 activity중심으로 되어 있어서 중급 혹은 고급 이상의 영작 수준에 해당하는 학습자에게만 흥미를 유도한다. 영어다운 문장 만들기를 위해 우리가 필요로 하는 영작 지침서는 한 문장 한 문장을 문법, 어법 및 어휘를 영작을 통해 점검할 수 있고 그 내용이 일상 영어 회화를 구사할 때 필요한 문장이거나 각종 영어 시험을 준비하는 학습자를 위한 내용이 담겨져 있지만 좀 더 쉽게 다가갈 교재이다. 그리고 자신들에게 흥미롭고 다양한 주제를 통하여 한 문장 한 문장 연습에서 간단한 단락을 영어로 옮겨 볼 수 있는 내용의 교재를 필요로 한다.

이 책의 특징은

영어 초보자들을 위한 책으로서 패턴에 의한 체계적이고 단계별 영어 문장 쓰기를 가능하게 유도한다.

각 단원마다 다양한 주제가 담겨져 있는 Writing Project를 제시하여 학습자 개인 혹인 파트너와 소그룹을 형성하여 학습자들이 직접 참여하는 activity를 통해 흥미를 갖게 한다.

최근 국제화, 개방화, 정보화 시대에 의사소통을 위한 영어는 그 어느 때보다 절실히 필요하며 특히 구두에 의한 의사소통뿐만 아니라 자신의 생각이나 정보를 글로 전달하는 일은 시간이 흐를수록 더욱 중요해지고 있다. 예를 들면 외국과의 이메일과 문자를 통한 의사소통은 벌써 우리 생활의 일부로 자리 잡아가고 있고 신경향 TOEIC의 쓰기, 현행 CBT TOEFL이 iBT TOEFL로 바뀌면서 쓰기는 더욱 강화될 예정이다.

따라서 학습자 여러분들에게 쉽게 즐기는 영작의 걸음마를 옮기자고 간구하며 뜨거운 방학을 온통 교재완성과 함께한 동아리 H. C. T 멤버들과 함께 맺음말의 보람을 나눕니다.

끝으로 본서의 출간을 위해 도와주신 에듀컨텐츠휴피아 임직원 여러분께 감사의 말을 전합니다.

2009년 8월

달구어진 창밖의 첫 빗소리에 해갈을 소망하며 …….

저자 씀.

Contents

Easy Writing

이다현 著

Easy Writing

이다현 著

Easy Writing

이다현 著

Chapter 1 명사나 관사

기본 영작문 Pattern

1. 영어는 한국인에게는 어렵다.

→ English is difficult for the korean. [to learn]

<POINTS> the korean 과 같이 국가를 나타내는 말에 the 가 붙을 때는 그 국민을 총칭하는 것이 되고, the를 붙이지 않으면 국어를 나타낸다.

2. 나는 개를 좋아하지만 고양이는 싫어한다.

→ I like dogs, but I don't like cats.

<POINTS> 개를 총칭적으로 나타내는 방법은 a dog, the dog, dogs 의 3가지가 있지만, 관용적으로 관사 없이 복수형 dogs가 가장 일반적으로 쓰인다.

3. Nancy가 그 아이들을 돌보고 있다.

→ Nancy takes care of the children.

<POINTS> 복수 명사에 the가 붙으면 총칭을 나타내는 것이 아니고, 특정한 사람이나 사물을 가리킨다.

4. 돈은 조금 가지고 있다.

→ I have some money with me.

<POINTS> some은 물질명사에 붙어서 [약간]의 의미를 나타내지만 우리말로는 [조금]에 해당하는 경우가 있다.

5. 꽃병에 꽃이 한 송이 꽂혀 있다.

→ There is a flower in the vase

<POINTS> 보통명사를 처음 화제로 삼을 때는 부정관사 a를 붙인다. a는 one과 같은 의미를 가지므로 단수 명사에 붙는다.

* 명사는 다음과 같이 분류할 수 있다.

① 셀 수 있는 명사 : a(an)를 붙일 수 있고 복수형도 가능하다.

· pen, house, dog 등 … 보통명사

· family, class 등 … 집합명사

② 셀 수 없는 명사 : a(an)를 붙일 수 없다. 보통 복수형으로 할 수 없다.

· paper, water, oil 등 … 물질명사

· happiness, joy 등 … 추상명사

· Seoul, Boston, Jim 등 … 고유명사

물질명사는 크기나 형태가 일정하지 않기 때문에 a 대신에 some을 붙이거나 다음과 같은 단위를 사용하여 셀 수 있다.

· a sheet of paper … 종이 한 장

· two cups of coffee … 커피 두 잔

· three slices of bread … 빵 세 쪽

Test A

* 다음 문장의 ( ) 속에 필요에 따라 a, an, the, some 을 넣으시오. 필요치 않은 경우는 ×표를 하시오.

1. Don't write your letter with (　　) pencil.
2. Here is (　　) map of (　　) America.
3. Is your brother (　　) early bird?
4. I bought (　　) English book yesterday.
5. Pass me (　　) sugar, please.
6. I like (　　) bread with (　　) jam on it.
7. There is (　　) water in (　　) bottle.

<HINTS> 1,2,3,4, 모두 [어떤 1개의] 의미인 a 또는 an, 6,7의 water, jam은 약간 양인 some.

Test B

* 다음 주어진 단어들을 이용해 문장의 순서에 알맞게 바른 어순으로 고치시오.

1. 남자는 여자와는 다르다.

are boys from girls different.

→

2. 미국인은 우유와 물을 좋아한다.

water milk like and americans .

→

3. 기름을 조금 사와 주십시오.

some and buy go oil.

→

4. 원숭이는 영리한 동물이다.

intelligent are monkeys animals.

→

Test C

* 다음을 영역하시오.

1. 남자는 여자와는 다르다.
2. 미국인은 우유와 물을 좋아한다.
3. 기름을 조금 사와 주십시오.
4. 원숭이는 영리한 동물이다.
5. 오늘 신문을 읽었습니까?
6. 나는 아침 식사에 빵 두 조각과 삶은 달걀 1개를 먹는다.
7. 그의 아저씨는 의사이고 서울에 살고 있다.
8. 그 소금을 이쪽으로 건네주십시오.

<HINTS> 1. 복수형이 좋다.

2. [우유]와 [물]은 무관사.

3. 여기서 [조금]은 약간의 양을 나타낸다.

5. today's paper 는 무관사.

6. [아침 식사]는 무관사. [~ 두 조각]은 two slices of ~

8. [그 소금]은 the가 붙는다.

* 물질명사와 추상명사에는 a(an)는 붙지 않지만, the나 some을 붙이는 경우는 있다.

관사가 붙지 않는 것은 총칭일 때뿐이다.

<EX> ① Salt is cheaper than sugar. (소금은 설탕 보다 싸다)

② I put some sugar in my tea. (나는 차에 설탕을 넣었다)

③ Pass me the meat, please. (그 고기를 이쪽으로 보내 주십시오)

■ 정답 ■

A　1. a　2. a, x　3. an　4. an　5. the　6. x , some　7. some, the

B　1. Boys are different from girls.
2. Americans like milk and water.
3. Go and buy some oil.
4. Monkeys are intelligent animals.

C　1. Boys are different from girls.
2. Americans like milk and water.
3. Go and buy some oil.
4. Monkeys are intelligent animals.
5. Have you seen today's paper? (Did you도 좋다)
6. I eat two slice of bread and a boiled egg for breakfast.
7. His uncle is a doctor, and lives in Seoul.
8. Pass me the salt, please.

Chapter 2 대명사의 특수 용법

기본 영작문 Pattern

1. 경기 규칙에 따라야 한다.

→ We should obey the rules of the game.

<POINTS> [the + 복수 명사]는 [all + 복수 명사]로 생각하면 좋다.

2. 거짓말을 해서는 안 된다.

→ You must not tell a lie.

3. 캐나다에서는 영어와 불어를 쓰고 있다.

→ They speak English and French in Canada.

<POINTS> they는 people의 의미로 사용하는 경우가 많다. [영어와 불어]는 both English and French 로 해도 좋다.

4. 지금은 봄이다. 매일 따뜻하다.

→ It is spring now. It is warm every day.

<POINTS> [지금]은 주어로 할 수 없다. [매일]은 주어로 할 수 있지만 It로 시

작하는 것이 정공법.

5. 비가 심하게 내리고 있다. 바람도 강하게 불고 있다.

→ It is raining hard. It is blowing hard, too.

<POINTS> [바람] [비]는 It로 나타낸다. [바람]이라는 단어는 필요치 않다. rain은 동사로 되지만 wind는 동사로 되지 못하기 때문이다.

* 주로 복수형 인칭대명사 we, you, they를 일반적인 표현의 주어로 쓸 수 있다. 이때는 주어는 누구와도 관계없는 경우이다. 위의 6, 7의 경우, 주어를 서로 교환해도 좋다. 우리말에는 주어를 나타내지 않을 수도 있다. 8의 말하는 사람이 캐나다 사람이라면 주어는 we가 될 것이다. 9, 10의 it는 「비인칭 it」로 부르고, 어떤 특정한 것을 가리키는 it와는 다르다. 우리말에서는 주어 없이 말할 수 있는 많은 표현을 영어에서는 it을 주어로 해서 문형을 완성하는 경우가 있다. **날씨, 기후, 명암, 시간, 거리** 등의 표현에서 It은 꼭 필요하다.

Test A

* 다음 문장의 ( ) 속에 적당한 대명사를 보충하시오.

1. What language do ( ) speak in your country?
2. In America, ( ) produce a great deal of corn.
3. In Japan, ( ) experience many earthquakes.
4. ( ) never can tell what will happen in the future.
5. ( ) was five o'clock ( ) was still dark.

6. (　　　) takes half an hour to play the music.

7. (　　　) have decided to put off the track meet.

8. (　　　) have much rain here all the year round.

9. (　　　) say it is very cold in Boston.

<HINTS> 2, 3은 우리나라 사람이 말한 것으로 가정해서 they를 고른다.
5, 6은 시간과 명암, 7은 주최자를 나타내는 3인칭 복수.

Test B

* 다음 주어진 단어들을 이용해 문장의 순서에 알맞게 바른 어순으로 고치시오.

1. 지금 몇 시입니까? 정각 11시입니다. 잘 시간이군요.
it is time what now? just eleven it is. time is it go to bed.
→

2. 오늘은 무슨 요일입니까? 목요일입니다.
today it is week what the day of? is thursday it.
→

3. 어제는 좋은 날씨였지만 오늘은 비가 온다.
yesterday fine was it, today rainy but is it.
→

4. 비가 올 듯하다. 우산을 가지고 가는 것이 어떨까요?
like looks rain it, umbrella your take don't you why?
→

5. 작년 여름에는 비가 많이 내렸지만, 금년 여름은 적게 내릴 것이다.

we had last rain much summer, but we little have rain this summer.

→

Test C

* 다음을 영역하시오.

1. 지금 몇 시입니까? 정각 11시입니다. 잘 시간이군요.
2. 오늘은 무슨 요일입니까? 목요일입니다.
3. 어제는 좋은 날씨였지만 오늘은 비가 온다.
4. 비가 올 듯하다. 우산을 가지고 가는 것이 어떨까요?
5. 작년 여름에는 비가 많이 내렸지만, 금년 여름은 적게 내릴 것이다.
6. 도로를 건널 때는 신호에 주의해야 한다.
7. 여기에서 다음 마을까지는 거리가 얼마입니까? 꽤 멉니다. 차로 2시간 걸립니다.
8. 흡연은 건강에 매우 해롭다고 한다.
9. 자신의 결점은 발견하지 못한다.
10. 형이 미국에 가고 나서 2년이 되었다.

<HINTS> 1~5,7은 비인칭 it을 쓴다.

6. 주어는 we 또는 you, [~에 주의하다] pay attention to ~ , be careful about~
7. How far ~를 사용
8. [흡연] smoking [~하다고 한다] They say ~ , It is said~

9. 발견하다 Find

10. It is ~ years since my brother ~ 의 형

* 날씨를 나타내는 것에는 [비인칭 it]뿐만 아니라 We have 로도 나타낼 수 있다.

단, 양자의 사이에는 미묘한 차이가 있다. 예를 들면 It rains = We have rain으로 하며, It rains heavily일 때는 We have a heavy rain으로 되며 또한 We have much rain in June은 It rains much로는 말하지 않고 the rains frequently ~ 로 해야 한다. 같은 방식으로 It is fine today는 We have a fine day today로 한다.

■ 정 답 ■

A 1. you 2. they 3. they 4. you 5. It, It 6. It 7. They 8. We 9. They

B 1. What time is it now? It is just eleven. It is time to go bed.

2. What day of the week is it today? It is Thursday.

3. It was fine yesterday, but it is rainy today.

4. It looks like rain, why don't you take your umbrella?

C 1. What time is it now? It is just eleven. It is time to go bed.

2. What day of the week is it today? It is Thursday.

3. It was fine yesterday, but it is rainy today.

4. It looks like rain, why don't you take your umbrella?

5. Last summer we had much rain, but this summer we have little rain.

6. You must pay attention to the signal when you cross the street

7. How far is it from here to the next town? It's quite a long way. It takes two hours by car.

8. They say smoking is bad for the health.

9. We don't find our own fault.

10. It is two years since my brother went to America.

Chapter 3 조동사의 시제

기본 영작문 Pattern

1. 그 뉴스는 사실일 리가 없다.

→ The news can't be true.

2. 그 뉴스는 사실일 리가 없었다.

→ The news can't have been true.

3. 그는 학교에 지각할지 모른다.

→ He may be late for school.

<POINTS> [지각하다]의 반대는 [시간에 맞추다] be in time

4. 그는 학교에 지각했을 지도 모른다.

→ He may have been late for school.

5. 그는 집에 있음에 틀림없다.

→ He must be at home.

<POINTS> at home에는 일반적으로 관사가 붙지 않는다.

6. 그는 집에 있었음에 틀림없다.

→ He must have been at home.

* 조동사 중 can(cannot), may, must는 각각 다른 많은 의미를 가지고 있지만, 작문을 하는 경우에는 다음의 경우를 알아주어야 한다.

<EX>· can [~할 수 있다][~할 이가 있을까?(의문문에서)]

· cannot [~할 리가 없다]

· may [~해도 좋다] [~할지도 모른다]

· must [~해야 한다] [~함에 틀림없다]

위에 조동사가 다음과 같이 변형되는 경우에 주의한다.

<EX>· cannot have +과거분사 [~할 리가 없었다]

· may have + 과거분사 [~했을 지도 모른다]

· must have + 과거분사 [~했음에 틀림없다]

can, may, must는 각각 be able to, be allowed to, have to로도 할 수 있다.

will, may, must와 can의 조합은 아래와 같이 된다.

<EX>· will be able to [~할 수 있을 것이다]

· may be able to [~할 수 있을 지도 모른다]

· must be able to [~할 수 있음에 틀림없다]

Test A

* 다음을 우리말로 옮기시오.

1. You may have to take off your shoes at the entrance.

2. You will have to take off your shoes at the entrance.

3. You must be allowed to swim here.

4. They may have been allowed to swim there.

5. He must have mad, a mistake.

6. She may have gone home by another way.

7. He cannot be an honest man.

8. You can't have been there last night.

9. I may be able to see you again soon.

<HINTS> 1, 2. take off [벗다]

5. make a mistake [실수하다]

6. by another way [다른 길에서]

Test B

* 다음 주어진 단어들을 이용해 문장의 순서에 알맞게 바른 어순으로 고치시오.

1. 그가 나에게 거짓말을 할 수가 있을까?

he can me a tell lie?

→

2. 그가 버스를 놓칠 리가 없었다.

the bus have can't he missed.

→

3. 당신은 나의 이름을 잊었을 지도 모른다.

my name may have you forgotten.

→

4. Jennie는 테니스에 능숙함에 틀림이 없다.

tennis at good be must Jennie.

→

5. 우리는 조금 더 기다렸을 지도 모른다.

little a longer have may we wait to.

→

Test C

* 다음을 영역하시오.

1. 그가 나에게 거짓말을 할 수가 있을까?
2. 그가 버스를 놓칠 리가 없었다.
3. 당신은 나의 이름을 잊었을 지도 모른다.
4. Jennie는 테니스에 능숙함에 틀림이 없다.
5. 우리는 조금 더 기다렸을 지도 모른다.
6. 건강하게 되면 다시 우리와 야구할 수 있을 것이다.
7. 그는 병 때문에 답장을 쓸 수 없었을 지도 모른다.
8. 그는 졸리는 것 같다. 밤을 지새웠음에 틀림이 없다.

9. 내일 아침은 평소 때 보다 일찍 일어나야 할 것이다.

10 그는 학교에 지각했을 지도 모른다.

<HINTS> 1. [거짓말을 하다] tell a lie

2. [차를 놓치다] miss

4. [~가 능숙하다] be good at ~

5. [조금 더] a little longer

6. [건강하게 되면] when you are well again

7. [병 때문에] because of illness

8. [졸려 보이다] look sleepy 「늦게까지 자지 않다」sit up late

9. [평소 보다] than usual

10. [~지각하다] be late for ~

* can이 [~할 수 있다], may가 [~해두 좋다]이 외미일 때, 과거형은 삭각 could, might 이지만, must [~해야 한다]는 과거형이 없기 때문에 had to 를 이용한다. 미래형은 각각 will be able to, will be allowed to, will have to로 된다.

■ 정 답 ■

A 1. 입구에서 구두를 벗어야만 될 지도 모른다.

2. 입구에서 구두를 벗어야만 할 것이다.

3. 여기에서 수영하는 것을 허락받아야 한다.

4. 그들은 그곳에서 수영하는 것을 허락받았을 지도 모른다.

5. 그는 실수를 했음에 틀림없다.

6. 그녀는 다른 길로 귀가했을 지도 모른다.

7. 그가 정직한 사람일 리가 없다.

8. 네가 어제 밤 그곳에 있었을 리가 없다.

9. 곧 또다시 당신을 만날 수 있을지 모른다.

B 1. Can he tell me a lie?

2. He can't have missed the bus.

3. You may have forgotten my name.

4. Jennie must be good at tennis(playing tennis).

5. We may have to wait a little longer.

C 1. Can he tell me a lie?

2. He can't have missed the bus.

3. You may have forgotten my name.

4. Jennie must be good at tennis(playing tennis).

5. We may have to wait a little longer.

6. You will be able to play baseball with us again when you are well again.

7. He may have been unable to write to me because of illness.

8. He looks sleepy. He must have sat up late night.
9. I'll have to get up earlier than usual tomorrow morning.
10. He may have been late for school.

Chapter 4 동사의 시제 (I)

기본 영작문 Pattern

1. 많은 사람이 기독교를 믿고 있다.

→ A lot of people believe in Christianity.

<POINTS> [다수의]는 a large(great) number of 도 있다. 「믿다」는 believe in 으로 하면 의미가 강해져서 「신앙, 신뢰」 등을 나타낸다.

<EX> I believe him. (그[가 말한 것]을 믿는다.)

I believe in him. (그[의 인격]을 신용한다.)

2. 나의 누나는 어떤 병원에서 간호사를 하고 있다.

→ My sister is a nurse at a hospital.

3. Jack은 Jill을 사랑하고 있다.

→ Jack loves Jill.

4. 이번 토요일에 공원에서 연주회가 있다.

→ There will be a concert at the park next Saturday.

5. 한국의 학생은 주에 6일 학교에 간다.

→ Korean students go to school six days a week.

6. 밖이 어두워져 간다.

→ It is getting dark outside.

* 현재형과 현재 진행형 : 우리말의 [~하고 있다]는 영어의 현재 진행형으로 한정되지 않는다.

* 진행형으로 할 수 없는 동사 : 진행형은 원래 일시적으로 [진행]하고 있는 동작이나 상태를 나타내는 것이다. 따라서 본디 영속적 상태를 나타내는 동사는 진행형으로 될 수 없다.

<EX> (1) 상태를 나타내는 동사 be, have, know, think 등

(2) 지각 동사 see, hear, feel, taste 등

(3) 감정을 니티내는 동사 love, hate, like, want 등

무생물은 일반적으로 정지해 있는 것이기 때문에 거기에 붙는 동사는 보통 진행형으로 할 수 없다.

Test A

* (   ) 속의 동사를 현재, 미래, 또는 현재 진행형으로 하시오.

1. The sun (set) earlier in winter than in summer.
2. Look! the sun (set) behind the mountain.
3. It (snow) little even in winter here.
4. Today it (snow) fast and thick.

5. These book (belong) to the library.
6. I (post) this letter for you on my way to school.
7. He (stay) here till next week.
8. I (want) to call on you tomorrow.
9. Father (take) a bath before dinner every evening.
10. Father (take) a bath now.

<HINTS> 1, 2, 3, 4, 9, 10은 각각 동사가 일반적 사실을 나타내는가, 진행 중인 동작을 나타내는가를 시제로 구별한다.

Test B

* 다음 주어진 단어들을 이용해 문장의 순서에 알맞게 바른 어순으로 고치시오.

1. 텔레비전만 보고 있지 마라.

television don't too long watch.

→

2. 그의 집 주위에는 긴 벽이 서 있다.

his house around wall long a stands.

→

3. 오늘 밤 댁에 계십니까? 전화하겠습니다.

this home at will be you evening? I'd to call you up like then.

→

4. 언제까지 여기에 머무르십니까? 2, 3일 머무릅니다.

you will here long how stay? here a few for days be more I'll.

→

5. 어머니는 부엌에서 일을 하고 계십니다. 나도 지금부터 도울 예정입니다.

working is kitchen in the mother. going her to help I'm.

→

Test C

* 다음을 영역하시오.

1. 텔레비전만 보고 있지 마라.
2. 그의 집 주위에는 긴 벽이 서 있다.
3. 오늘 밤 댁에 계십니까? 전화하겠습니다.
4. 언제까지 여기에 머무르십니까? 2, 3일 머무릅니다.
5. 어머니는 부엌에서 일을 하고 계십니다. 나도 지금부터 도울 예정입니다.
6. 나의 개는 꽃 냄새를 맡고 있다.
7. 나는 감기에 걸려 있지만 1주일 지나면 나을 것이라고 생각한다.
8. 비가 심하게 내리고 있다. 사람들은 귀가를 서두르고 있다.
9. 지금부터 외출합니다. 5시 경까지는 돌아오지 않습니다.
10. 형은 새 카메라를 좋아하고 있다.

<HINTS> 1. watch ~too long
2. stand 현재형
3. 미래형 at home call you up

4. 미래형 a few more days
5. 진행형과 미래형
6. 진행형 small
7. 현재형과 미래형 in a week
8. 진행형 hurry home
9. 미래형
10. 현재형

* 원래 상태를 나타내는 동사에도 동작의 의미로 쓰일 수 있다면 진행형으로 될 수 있다.

<EX> He is having a bath. (그는 목욕 중이다.)

The dog is smelling the fish. (개는 고기의 냄새를 맡고 있다.)

미래형은 be going to로 나타낼 수 있다.

<EX> I will help her = I am going to help her.

■ 정답 ■

A 1. sets 2. is setting 3. snows 4. is snowing 5. belong
6. will post 7. will stay 8. want 9. takes 10. is taking

B 1. Don't watch television too long(all the time).
2. A long wall stands around his house.
3. Will you be at home this evening? Then I'd like to call you up.
4. How long will you stay [be staying]here? I'll be (staying) here for a few more days.
5. Mother is working in the kitchen. I'm going to help her.

C 1. Don't watch television too long(all the time).
2. A long wall stands around his house.
3. Will you be at home this evening? Then I'd like to call you up.
4. How long will you stay [be staying]here? I'll be (staying) here for a few more days.
5. Mother is working in the kitchen. I'm going to help her.
6. My dog is smelling a flower.
7. I have a cold now, but I'll be well again in a week.
8. It is raining heavily. People are hurrying home.
9. I am going out. I won't be back till about five.
10. My brother likes his new camera.

Chapter 5 동사의 시제 (II)

기본 영작문 Pattern

1. 봄은 가고 여름이 왔다.

→ Spring has gone and summer has come.

2. 저 영화를 이미 보았습니까? 예, 어제 보았습니다.

→ Have you seen the movie yet? Yes, I saw it yesterday.

<POINTS> [이미]는 yet. [어제 보았다]는 과거형으로 한다. 현재완료로 쓸 수 없다.

3. 오늘 신문을 읽었습니까? 예, 지금 막 다 읽었습니다.

→ Have you read today's paper? Yes, I have just finished it.

<POINTS> [지금~한 중]은 현재완료로 한다.

4. 인류는 오랫동안 달까지 비행하는 것을 꿈꾸어 왔다.

→ Man has long dreamed of flying to the moon.

<POINTS> [~해 왔다]는 계속을 나타내는 현재완료로 한다.

5. 너에게 전화했을 때 너는 벌써 외출한 뒤였다.

→ When I called you up, you had already left.

<POINTS> [전화했다]때는 과거이고 그 때 이전에 [외출한 뒤]였으므로 과거완료로 한다.

* 우리말의 [~했다]는 영어로 과거형으로 나타내는 것 뿐 만 아니라, 현재완료로 되는 경우는 매우 많다. [비가 그쳤습니까?] [예, 그렸습니다]를 영역하면 현재완료형으로 되는 것을 이해해야 한다. [방금 ~ 했다] [~한 일이 있다] [~해 버렸다] [~해 왔다] 등을 영역하는 경우 꼭 현재 완료형을 생각할 것. 1개의 문장 속에 2가지 일이 나타나 있는 경우, 영문에서는 그 중 먼저 일어난 것을 확실히 밝히며 그 때문에 과거완료라는 시제가 있다.

Test A

* 다음 문장에서 잘못된 곳이 있으면 바로 잡으시오.

1. He has left for school just now.
2. When have you seen the man?
3. Mother has bought her umbrella only a few days ago.
4. Have you ever been to America? No, I have never.
5. I have lived here since five years ago.
6. Where have you found my key?
7. I lost the money that my uncle gave me.
8. He has known the fact only yesterday.

9. I have ever lived in a foreign country.
10. He posted the letter which he wrote the night before.

<HINTS> 1. just now는 현재완료와 함께 사용할 수 없다.

2. When도 같다.

3. 이하에는 과거를 나타내는 어구가 현재완료와 같이 쓸 수 없는 예가 몇 개인가 있다.

7, 10.은 후반이 과거완료로 된다.

Test B

※ ( ) 속의 동사를 시제로 고치시오. 어순이 변하는 것은 바른 어순으로 고치시오.

1. The lady (keep) a dog all her life.
2. I just (bring) you the picture that I (take) yesterday.
3. My father is furious because I (have) an accident with his car.
4. I never (feel) so sick as I do now.
5. Mother (buy) me a bicycle because I (study) hard last year.

<HINTS> just, never, last year 등에 유의.

Test C

* 다음 주어진 단어들을 이용해 문장의 순서에 알맞게 바른 어순으로 고치시오.

1. 비는 이미 그쳤습니까? 예, 그쳤습니다.

yet the rain stopped has? has it yes.

→

2. 한라산에 오른 적이 있습니까? 아니오, 한 번도 없습니다.

Mt. Hanla ever you have climbed? never have I No.

→

3. 아까부터 어디에 가 있었습니까? 역까지 갔다 왔습니다.

while all have been where you this? station to the been I have.

→

Test D

* 다음을 영역하시오.

1. 비는 이미 그쳤습니까? 예, 그쳤습니다.
2. 한라산에 오른 적이 있습니까? 아니오, 한 번도 없습니다.
3. 아까부터 어디에 가 있었습니까? 역까지 갔다 왔습니다.
4. 언제 그와 만났습니까? 지난 주 입니다.
5. 그 사전을 어디서 샀습니까?
6. 오늘 아침 눈을 떴을 때 눈은 벌써 그쳐 있었다.
7. 어제 잃어버린 시계를 오늘 찾았다.

■ 정 답 ■

A 1. Just를 생략 또는 now를 생략하고 just를 has 다음에 넣는다. 2. have you seen→ did you see. 3. has를 생략. 4. I have never→ I never have. 5. since five years age→ for five years 6. have you found→ did you find 7. gave→ had given 8. has known→ knew 9. ever→ once 10. wrote→ had written

B 1. kept 2. have just brought, took 3. had 4. have never felt
5. has brought, studied

C 1. Has the rain stopped yet? Yes, it has.
2. Have you ever climbed Mt. Halla? No, I never have.
3. Where have you been all this while? I have been to the station.

D 1. Has the rain stopped yet? Yes, it has.
2. Have you ever climbed Mt. Halla? No, I never have.
3. Where have you been all this while? I have been to the station.
4. When did you see him? I saw him last week.
5. Where did you buy the dictionary? I brought it at a bookstore in my neighborhood.
6. When I woke up this morning, the snow had already stopped.
7. Today I found my watch which I had lost yesterday.

* 과거를 나타내는 부사(+)가 현재완료와 함께 쓰일 수 없다는 것은 알 수 있지

만, just now와 when도 그와 같다는 것을 잊는 경우가 많다. 완료형과 함께 쓰일 수 있는 말은 just, yet, already(완료), once, never, often(경험), since, for (계속) 등이다.

Chapter 6 시제의 일치

기본 영작문 Pattern

1. 그는 그것은 자신의 실수라고 말했다.

→ He said that it was his fault.

2. 그는 그것은 자신의 실수였다고 말했다.

→ He said that it had been his fault.

<POINTS> 접속사 that는 생략되는 경우가 많다. He says that it is his fault. (그는 그것은 그의 실수라고 말하고 있다.) 라는 문장에서는 아무 문제가 없지만 He says가 He said로 과거가 되면 후반 절의 is도 과거형인 was를 해야 한다. 이 규칙을 시제의 일치라고 한다.
만약 that 이하의 절이 처음부터 과거인 경우는 전반의 동사가 과거일 때는 과거완료로 바뀐다. [자신의] 여기에서는 his이다.

3. 나는 그가 그 노래를 좋아한다는 것을 알고 있었다.

→ I know that he liked the song.

4. 나는 그가 그 노래를 좋아했다는 것을 알고 있었다.

→ I knew that he had liked the song.

5. 우리는 그가 이곳에 자주 온다고 듣고 있었다.

→ We heard that he often came here.

6. 우리는 그가 이곳에 자주 왔다고 듣고 있었다.

→ We heard that he had often come here.

<POINTS> [알고 있었다], [듣고 있었다]는 진행형으로 할 수 없다. 과거형으로 좋다.

* He said it was …….; He sid it had been ……./ I knew he liked …….; I knew he had like ……./ We heard he came …….; We heard he had come 등의 구문을 암기해 두자.

Test A

* ( ) 속의 말을 바른 시제로 바꾸시오.

1. I waited till he (come) home. (나는 그가 귀가할 때까지 기다렸다.)
2. I thought I (see) her somewhere. (그녀와 어디에선가 만났었다고 생각했다.)
3. I wondered if he (will) be in time. (나는 그는 시간에 맞출 수 있는가 생각했다.)
4. I did not know he (can) swim. (그가 수영할 수 있다고는 알지 못했다.)
5. It seemed that the boy (be) tired. (소년은 피곤한 것처럼 보였다)

<HINTS> 문장의 후반(종속절) on 조동사가 있는 경우는 그 조동사는 시제의 일치에 적용을 받는다. (2.과거 완료형으로)

Test B

* 다음 주어진 단어들을 이용해 문장의 순서에 알맞게 바른 어순으로 고치시오.

1. 그 소년은 아버지가 언제 귀가할지를 몰랐다.

his father know not did the would boy when come home.

→

2. Jane은 남동생이 무엇을 하고 있을까 하고 생각했다.

brother doing wondered Jane what her was.

→

3. 오후부터 개일지도 모른다고 나는 생각했다.

afternoon it hoped I might in clear the up.

→

4. 그는 자신이 오해받지 않을까 심려했다.

he was misunderstood if he feared.

→

Test C

* 다음을 영역하시오.

1. 그 소년은 아버지가 언제 귀가할지를 몰랐다.

2. Jane은 남동생이 무엇을 하고 있을까 하고 생각했다.

3. 오후부터 개일지도 모른다고 나는 생각했다.

4. 그는 자신이 오해받지 않을까 심려했다.

5. 나는 차가 너무 뜨겁다고 말했다.

6. 그의 부모는 그가 입시에 합격하는 것을 기대했다.

7. 우리는 그가 버스를 잡을 수 있을까 생각했다.

8. 나는 완전히 어두워질 때까지 그를 기다렸다.

<HINTS> 2. 7.의 [생각했다]는 wondered 3.은 hope가 좋다. [생각하다]는 think 왜에 여러 가지가 있다. [개다]는 clear up 6. [~에 합격하다] succeed in ~; pass ~

Test D

* 다음을 영역하시오.

1. 모든 사람은 그가 부자가 되었다는 것을 알았다.

2. 비가 내리기 시작했다는 것을 어머니는 알지 못했다.

3. 그가 외국 생활의 경험자라고는 결코 생각하지 못했다.

4. Jane은 남동생이 지금까지 무엇을 하고 있었을까 생각했다.

5. 나는 버스를 잘못 탔을지 모른다고 걱정했다.

6. 오래되지 않아 나는 내 시계가 멈추었다는 것을 알았다.

7. 그의 부모는 그가 입시에 합격했다는 것을 들었다.

<HINTS> 종속절이 모두 과거완료로 된다. 3. [외국 생활의 경험자라고 have

once lived in a foreign country. 5. [버스를 잘못 타다] take the wrong bus. 6. [알다] find.

* [시제의 일치]의 법칙이 적용되지 않는 예외가 있다. 종속절이 ① 객관적 진리 ② 역사상의 사실 ③ 불변의 습관이나 성질 등을 나타낼 때이다.

① The child did not know that two and two are four.
(2+ 2=4를 몰랐다.)

② We were taught that Bell invented the telephone.
(벨이 전화를 발명했다는 것을 배웠다.)

③ We knew he is a good singer.
(그가 훌륭한 가수인 것을 알았다.)

■ 정답 ■

A 1. came 2. had seen 3. would 4. could 5. was

B 1. The boy did not know when his father would come home.
2. Jane wondered what her brother was doing.
3. I hoped it might clear up in the afternoon.
4. He feared if he was misunderstood.

C 1. The boy did not know when his father would come home.
2. Jane wondered what her brother was doing.
3. I hoped it might clear up in the afternoon.
4. He feared if he was misunderstood.
5. I complained that the tea was too hot.
6. His parents expected that he wold pass the entrance examination.
7. We wondered if he could catch the bus.
8. I waited for him till it was quite dark.

D 1. They knew that he had become rich.
2. Mother didn't know that it had begun to rain.
3. I never imagined that he had once lived in a foreign country.
4. Jane wondered what her brother had been doing.
5. I feared if I had taken the wrong bus. (……I was on the wrong bus.)
6. Before long I noticed that my watch had stopped.

7. His parents were told that he had succeeded in the entrance examination.

Chapter 7 자동사와 타동사

기본 영작문 Pattern

1. 기차는 정시에 도착했다.

→ The train arrived at the station on time.

→ The train reached the station on time.

2. 그들은 그 문제를 1시간 동안 토의했다.

→ They argued about the issue for on hour.

→ They discussed the issue for an hour.

3. 다음 기회를 기다리자.

→ Let's wait for another chance.

→ Let's expect another chance.

* 영어의 동사에는 자동사와 타동사가 있지만 그것은 각각 다른 동사라고 생각하지 않는 것이 좋다. 많은 동사가 자동사로 사용되는 경우가 있고 타동사로도 사용되는 경우가 있다.

물론 항상 자동사 또는 타동사로 정해져 있는 동사도 있다.

타동사는 직접 목적어에 붙지만 자동사는 전치사로 붙어야 한다. 위의 예문은 그것의 실례이다. 이해를 돕기 위해 동일한 우리말은 영어의 자동사와 타동사를

사용하여 영역했다.

자동사와 타동사에 관한 문제는 영역을 하는 경우 전치사를 넣어야 하는가. 빼야 하는가의 문제로 연결되는 경우가 많다.

우리말의 조사는 영어의 전치사와는 일치하지 않으므로 전치사에 관해서는 실수를 하는 경우가 많다. [책을 읽는다]는 read book이지만, [길을 걷다]는 walk along the street 이다. [그에게 말하다]는 talk him이지만 [그에게 설명하다]는 explain to him이 된다.

결국 이런 것들에 관해서는 개개의 동사에 관하여 그 용법을 조금씩 암기해 가는 수밖에 좋은 방법이 없다.

또 하나의 문제는 어떤 전치사를 선택하느냐는 것이다. 이것은 우리말의 조사와는 차이가 있기 때문에 주의를 요한다.

Test A

* 다음 문장의 ( ) 속에 전치사를 넣으시오. 필요가 없는 경우는 X를 표시하시오.

1. A dog is walking ( ) the street alone.
2. Will you wait ( ) me here tomorrow?
3. People discuss ( ) the problem very often.
4. Jane will marry ( ) Tom before long.
5. We use white cloth to cover ( ) the table.
6. Asloe ( ) him where he lives.
7. My brother graduated ( ) college last spring.

<HINTS> 3. 6.이 타동사이다. marry가 가장 틀리기 쉽다.

Test B

* 잘못된 곳이 있으면 고치시오.

1. She attended to the meeting last night.
2. I left from seoul early in the morning.
3. They finally reached to the top of the mountain.
4. He entered into the college at last.
5. The teacher explained us the use of the word.
6. Edison seldom looked his watch while working.

<HINTS> 1~4.는 타동사로 전치사가 필요 없다. 단, 2.는 start from으로 해도 좋다. 5, 6.은 자동사로 전치사가 필요.

Test C

* 다음 주어진 단어들을 이용해 문장의 순서에 알맞게 바른 어순으로 고치시오.

1. 내일 나를 만나러 오도록 그에게 말하시오.

tomorrow me see to come him to tell.

→

2. 그는 나의 질문에 즉시 대답하지 않았다.

my answer at question did not he once.

→

3. 가족 모두에게 안부 전해 주십시오.

all me to your family remember.

→

Test D

* 다음을 영역하시오.

1. 내일 나를 만나러 오도록 그에게 말하시오.
2. 그는 나의 질문에 즉시 대답하지 않았다.
3. 가족 모두에게 안부 전해 주십시오.
4. 그는 귀가 길에 사고를 당했다.
5. 모든 사람이 당신을 비웃을 것이다.
6. 법률에는 누구라도 복종해야 한다.
7. 그 노인은 나에게 계속 감사하다고 말했다.

<HINTS> 1. Tell him

2. Answer my question

3. Remember me

4. Meat with (보통 meet는 타동사) ; on his way home

5. Laugh at

6. Obey the law

7. Thank me again and again

* go는 자동사이지만 예외적으로 to를 수반하지 않는 경우도 있다.

① 부사를 수반하는 것

go home (귀가하다), go upstairs (2층으로 가다), go downstairs (1층으로 내려오다)

② ~ing를 수반하는 것

go shopping (쇼핑가다), go skiing (스키 타러 가다)

■ 정 답 ■

A 1. along 2. for 3. x 4. x 5. x 6. x 7. from

B 1. to를 없앤다.
2. from을 없앤다.
3. to를 없앤다.
4. into를 없앤다.
5. us → to us
6. looked → looked at

C 1. Tell him to come to see me tomorrow.
2. He did not answer my question at once.
3. Remember me to all your family.

D 1. Tell him to come to see me tomorrow.
2. He did not answer my question at once.
3. Remember me to all your family.
4. He met with the accident on his way home.
5. Everyone will laugh at you.
6. Everybody should obey the law.
7. The old man thanked me again and again.

Chapter 8 동사와 보어

기본 영작문 Pattern

1. 나의 아버지는 아이보다 젊어 보인다.

→ My father looks young for his age.

<POINTS> [연령에 비해]는 for one's age

2. Tom은 정직한 소년인 것 같다.

→ Tom seems an honest boy.

<POINTS> [~인 것 같다]는 to be를 수반하는 경우도 많다.

3. 나의 여동생은 피아니스트가 될 작정이다.

→ My sister intends to because a pianist.

<POINTS> 「작정」은 주어가 1인칭일 때는 with로는 좋지만 그 외에는 intend가 좋다.

4. 너의 이야기는 재미있는 것 같다.

→ Your story sounds interesting.

<POINTS> [~같이 보이다]가 look을 쓰는데 비해서 「~같이 들리다」는 sound 이다.

5. 가을이 되어 나뭇잎이 단풍들었다.

→ The leaves turned red why fall came.

<POINTS> [단풍이 든다]는 become red로도 좋다.

* 보어의 가장 기본적이 예는 I am a boy. You are a girl의 boy와 girl이다. He is diligent. She is kind의 diligent, kind도 보어이다. 이 보어를 필요로 하는 동사

(1) 어떤 상태에 있는 것을 나타내는 것

be, keep, remain, hold 등

(2) [~이 되다]를 나타내는 것

become, grow, turn, go, come 등

(3) [~같이 보이다(들리다)]등 감각을 나타내는 것

look, seem, sound, feel, taste, smell 등

Test A

* 다음의 (　　) 속에 밑에서 바른 말을 찾아 넣으시오.

1. Water is running (　) in big cities.
2. keep (　) while the baby is sleeping.
3. The news proved (　) before long.
4. This cloth feels very (　).

5. His dream came (   ) at last.

→ 보기 : quite   false   true   short   salt ←

Test B

* 다음 중 잘못된 부분을 고치시오.

1. The spring rain falls soft.
2. Your dog looks gentle.
3. In spring days grow warm.
4. Everyone walked quitely in the hospital.
5. This juice tastes sweet.
6. He seemed busy all day.

<HINTS> **지각 동사는** 보어를 형용사로 취한다.

Test C

* 다음 주어진 단어들을 이용해 문장의 순서에 알맞게 바른 어순으로 고치시오.

1. 무슨 일이 있습니까? 안색이 나쁘군요.

the with is matter what you? pale you look.

→

2. 점점 어두워지고 추워졌다.

cold was becoming dark and it.

→

3. 그는 지난 주 병에 결렸지만 곧 나을 것이다.

week ill fell he last, well soon be but again will he.

→

4. 모두 한 마디도 말하지 않았다.

all silent they remained.

→

Test D

* 다음을 영역하시오.

1. 무슨 일이 있습니까? 안색이 나쁘군요.
2. 점점 어두워지고 추워졌다.
3. 그는 지난 주 병에 결렸지만 곧 나을 것이다.
4. 모두 한 마디도 말하지 않았다.
5. 그의 보고는 사실인 것 같다.
6. 그 소문은 거짓이었다.
7. 이 우유는 시큼하다.
8. 그는 부자의 아들로 태어났지만 일찍 죽었다.

<HINTS> 이런 종류의 영역의 어려운 점은 동사의 선택에 있다.

1. look
2. become을 진행형으로 한다.

3. [병에 걸리다]에는 fall, get, become등을 쓸 수 있다.

4. [~인 그대로이다]는 remain을 쓴다.

5. sound

6. prove

7. taste

8. be born rich ; die young

* 불완전자동사는 의미상으로는 be 또는 become으로 바꾸어도 성립되는 것이 특징이다.

전항에서 설명한 대로 동일한 동사가 타동사로는 사용 될 수 있으므로 위에 예를 든 동사가 항상 보어를 취한다고 할 수는 없다.

<EX> He runs fast. (그는 발이 빠르다.)

The river runs dry. (강이 말라 있다.)

My uncle runs a hotel. (아저씨는 호텔을 경영하고 있다.)

■ 정답 ■

A 1. short 2. quiet 3. false 4. soft 5. true

B 답 : 4 (quite)

C 1. What is the matter with you? You look pale.
2. It was becoming dark and cold.
3. He fell ill last week, but he will soon be well again.
4. They all remained silent.

D 1. What is the matter with you? You look pale.
2. It was becoming dark and cold.
3. He fell ill last week, but he will soon be well again.
4. They all remained silent.
5. His report sounds true.
6. The rumor prove false.
7. This milk tastes sour.
8. He was born rich, but died young.

Chapter 9 2중 목적어

기본 영작문 Pattern

1. 어머니는 아이에게 과자를 주었다.

→ The mother gave her child cookies.

→ The mother gave cookies to her child.

<POINTS> [아이]는 관사를 붙이는 것 보다 her를 붙이는 것이 좋다.

2. 여동생이 나에게 블라우스를 만들어 주었다.

→ My sister made me a blouse.

→ My sister made a blouse for me.

<POINTS> [만들어], [주었다]로 나누어서 생각할 필요는 없다. [만들었다]만으로 좋다.

3. 나는 그에게 부탁을 했다.

→ I begged him a favor.

→ I begged a favor of him.

* 위의 예문들은 모두 [누구에게, 무엇을]이라는 두 말을 포함하고 있다.

이 두 말은 모두 한 동사의 목적어이다. 동사 중에는 이와 같이 2개의 목적어를 동시에 필요로 하는 것이 있다. 이러한 2개의 목적어를 [2중 목적어]라 부르며 [누구에게]에 해당하는 말을 [간접목적어], [무엇을]에 해당하는 말을 [직접목적어]로 구별한다.

예문에서 볼 수 있는 것과 같이 이 문형은 직접목적어를 앞으로 내어 동사 다음에 놓을 수 있다. 그러한 경우는 [누구에게]에 전치사를 붙여야 한다. 이 경우에 사용될 수 있는 전치사는 to 나 for가 많지만 그 외의 전치사가 사용되는 경우도 있다.

이들 전치사는 동사에 따라서 변하므로 하나씩 암기해야 한다. 그러므로 실수를 범하기가 쉬울 경우 [누구에게, 무엇을]의 순서를 지키면 좋다.

Test A

* 다음의 각 문장에서 직접목적어와 간접목적어를 지적하시오.

1. I lent him my pen for a minute.
2. The writer found them a empty seat.
3. He bought me a bunch of flowers.
4. Mr. Kim teaches you English this year.
5. He told his parents a lie.
6. The boy showed the stranger the way to the station.

Test B

* 다음의 각 문장을 <EX>와 같이 고쳐 쓴 경우에 쓰일 수 있는 전치사를 쓰시오.

<EX> she taught the children an interesting game.

she taught an interesting game to the children.

1. The tailor made me the suit in time for the party.
2. Mother wrote me my brother a long letter.
3. I showed them my plan for the first time.
4. I wish you a Merry Christmas.
5. She played me my favorite tune on the piano.

<HINTS> make와 play가 for를 필요로 한다.

Test C

* 다음 주어진 단어들을 이용해 문장의 순서에 알맞게 바른 어순으로 고치시오.

1. 나는 그에게 자전거를 빌려 주었다.

him lent I bicycle my.

→

2. 그 남자는 나에게 한 장의 종이를 건네주었다.

paper man of a sheet the banded me.

→

3. 아저씨는 나에게 생일 선물을 사 주셨다.

me birthday uncle present my a bought.

→

Test D

* 다음을 영역하시오.

1. 나는 그에게 자전거를 빌려 주었다.
2. 그 남자는 나에게 한 장의 종이를 건네주었다.
3. 아저씨는 나에게 생일 선물을 사 주셨다.
4. 학생들은 선생님이게 질문을 많이 한다.
5. 그의 노력이 그에게 성공을 가져다주었다.
6. 즐거운 여행이 되길 기원합니다.
7. 그는 나에게 좋은 조언을 해 주었다.

<HINTS> 1. lend와 borrow를 혼동하지 말 것.

2. piece 보다 a sheet of paper가 좋다. [건네다] hand.
3. [생일 선물] a birthday present
4. [질문을 하다] ask a question
5. effort는 one's가 붙을 경우 복수형으로 되는 수가 많다.
6. [즐거운 여행] a pleasure trip.
7. [조언을 하다] give advice.

* 직접목적어가 대명사인 경우는 앞으로 내는 것이 좋다.

Show me the picture.

Show it to me.

* [간접목적어+직접목적어]의 순서가 변하지 않는 것도 있다.

This watch cost me ten thousand won. (이 시계는 만원이었다.)

The work will take you a week. (그 일은 1주일 걸릴 것이다.)

■ 정답 ■

A 간접목적어 직접목적어

간접목적어	직접목적어
1. him	my pen
2. them	seat
3. me	flowers
4. you	English
5. parents	lie
6. stranger	way

B 1. for 2. to 3. to 4. to 5. for

C 1. I lent him my bicycle.
2. The man banded me a sheet of paper.
3. My uncle bought me a birthday present.

D 1. I lent him my bicycle.
2. The man banded me a sheet of paper.
3. My uncle bought me a birthday present.
4. The students ask their teacher a lot of questions.
5. His effort brought him success.
6. I wish you a pleasant trip.
7. He gave me a piece of good advice.

Chapter 10 목적어와 보어

기본 영작문 Pattern

1. 집에서는 이 개를 Spotty라고 부르고 있다.

→ We call this dog Spotty.

2. 여동생은 자신의 방을 항상 깨끗이 하고 있다.

→ My sister keeps her room always clean and tidy.

3. 많은 사람들이 그이 유죄를 믿고 있다.

→ Many people believe him guilty.

4. 나에게 그것을 시켜 주세요.

→ Let me do that for you.

5. 아버지는 내가 늦게 귀가하는 것을 허락하지 않는다.

→ Father doesn't allow me to come home late at night.

* <POINTS> [~하고 있다]라는 예문이 3개 있지만 현재 진행형이 아닌 현재형으로 나타낸다.

앞장의 [누구에게, 무엇을]과는 달리 [누구를, 무엇과 같이]를 다룬다. [누구를(무엇을)]에 해당하는 말은 목적어이고 [무엇과 같이]에 해당하는 말이 보어이다. 이 보어는 목적어의 상태 등을 보충 설명하는 것이므로 [목적격 보어]라 부를 수 있다. 그리고 이와 같이 목적어와 보어를 모두 필요로 하는 동사는 [불완전 타동사]라 부른다.

불완전타동사의 주된 용법 : (1) [~를 … (상태)로 하다]의 의미를 나타낸다. 이의 대표적인 것은 make, keep, leave, set 등. (2) [~이 …이라고 생각하다(믿다, 알다)]의 의미를 나타낸다. 대표적인 동사는 think, believe, find know, expect 등 (3) [~이 …하는 것을 바라다(명하다, 허락하다)]의 의미를 나타낸다. 대표적인 동사는 want, wish, tell, ask, allow 등.

보어가 되는 말은 (1), (2)에서는 형용사 또는 명사이고, (3)에서는 부정사가 되는 것이 동사의 특징이다.

지각 동사나 사역동사가 사용된 문장은 같은 형식의 문장으로 된다.

Test A

* 아래의 단어에서 적당한 말을 골라 (　　)속에 넣으시오.

1. I found the book too (　　　) to read.
2. They call him (　　　) for short.
3. Don't leave the window (　　　)at night.
4. He asked me (　　　) him.
5. Try to keep your guests (　　　) at the party.
6. You should not make your parents, (　　　).

① open　② difficult　③ to follow　④ Bob　⑤ sad　⑥ merry

<NOTES> call의 목적어는 사람 이름, 부정사를 취하는 것은 asked.

Test B

* 동사의 목적어와 보어를 모두 포함한 문자를 지적하시오.

1. Let's keep It a secret between you and me.
2. She made me a sweater.
3. You will find him a nice day.
4. I found him a good seat.
5. Will you leave him some milk?
6. The news made us a little unhappy.

<NOTES> 보어가 명사일 때는 목적어와 동일인(사물), 형용사일 때는 목적어가 없다.

Test C

* 다음 주어진 단어들을 이용해 문장의 순서에 알맞게 바른 어순으로 고치시오.

1. 모두는 그를 대통령으로 선출했다.

the president they elected of him United States.

→

2. 가보니까 그의 방은 비었다.

it room his found to went I and empty.

→

3. 그 병이 그녀의 생애를 불행하게 했다.

miserable life the her made disease.

→

4. 그는 나에게 이 편지를 부친다고 말했다.

letter post this he to me asked.

→

Test D

* 다음을 영역하시오.

1. 모두는 그를 대통령으로 선출했다.
2. 가보니까 그의 방은 비었다.
3. 그 병이 그녀의 생애를 불행하게 했다.
4. 그는 나에게 이 편지를 부친다고 말했다.
5. 아버지는 내가 잠자리에서 독서하는 것을 좋아하지 않는다.
6. 어머니는 내가 일찍 일어나서 아침 식사 준비를 도와주는 것을 바라고 있다.
7. 나는 그가 모든 사람에게 친절한 사람이라고 믿고 있다.
8. 그는 나를 30분 이상 기다렸다.
9. 부부는 이 새 원소를 라듐이라고 부르기로 했다.

<NOTES> 2. fine, 3. make, 4. ask ; [편지를 보내다] post the letter 5. [잠자리에서 독서하다] read in bed, 6. [아침 식사 준비] prepare breakfast, 8. keep+사람+waiting, 9. [~하기로 했다] decided

* 보어가 명사일 때는 직접목적어와 혼동하기 쉽다.

<2중 목적>

I found him a good seat.

We chose him a birthday present.

<보어>

I found him a good boy.

We chose him chairman.

이것을 구분하기 위하여 [누구에게, 무엇을]이라고 생각해 보는 것이 유용하다.

■ 정답 ■

A 1. difficult 2. Bob 3. open 4. to follow 5. merry 6. sad

B 1, 3, 6

C 1. They elected him President of the United States.
2. I went to his room and found it empty.
3. The disease made her life miserable.
4. He asked me to post this letter.

D 1. They elected him President of the United States.
2. I went to his room and found it empty.
3. The disease made her life miserable.
4. He asked me to post this letter.
5. Father doesn't like me to read in bed.
6. Mother wants me to rise early and help her prepare breakfast.
7. I believe him to be kind to everyday.
8. He kept me waiting for half an hour.
9. The couple decided to call new element radium.

Chapter 11 지각 동사와 보어

기본 영작문 Pattern

1. 나는 그가 자신의 방에 들어가는 것을 보았다.

→ I saw him enter his room.

<POINTS> [그가]이지만 영작문을 할 때에는 목적격으로 되는 것에 주의.

2. 나는 그가 길을 걷고 있는 중인 것을 보았다.

→ I saw him walking down the street.

3. 나는 아이들이 노래를 부르고 있는 것을 들었다.

→ I heard some children singing a song.

4. 무엇인가 타는 냄새가 나지 않습니까?

→ Don't you smell something burning?

<POINTS> [냄새가 나다]는 사람을 주어로 해서 동사는 smell을 사용한다.

5. 그는 자신의 이름이 불리는 것을 듣고 돌아섰다.

→ He heard his name called and turned back.

* 지각 동사 구문은 문형으로서는 '10단원'과 동일하고 불완전 타동사가 목적어와 보어를 취한다.

지각 동사로는 see, hear, feel, smell이 대표적이지만, 그 외에 watch, listen, find 등도 있다.

지각 동사 구문의 특징은 보어가 동사의 원형, 또는 현재분사나 과거분사이다.

[누군가]에 해당하는 말은 see또는 hear의 목적어인 동시에 [무엇인가를 하고 있다]에 대하여 주어로서도 이용되고 있다. 문법에서는 이것을 의미상의 주어라 부른다.

Test A

* (   ) 속에서 알맞은 어구를 선택하시오.

1. I heard the bird (sing, sang, singing).
2. The watched the girl (dance, danced, dances).
3. We felt our house (to shake, shake, shook).
4. I found my father (to read, reading, read).
5. I often hear (he, him, his) whistling along.
6. The dog heard his name (call, calling, called) and came running.

<NOTES> 4. 동사의 성질상 found의 보어는 원형 보다는 분사가 좋다.
6. hear one's name called [이름이 불러지는 것을 듣다.]

Test B

* 다음 주어진 단어들을 이용해 문장의 순서에 알맞게 바른 어순으로 고치시오.

1. 나는 Tom이 자전거를 타고 있는 것을 보았다.

a riding saw I Tom bicycle.

→

2. 선생님은 학생들이 수영하고 있는 것을 지켜보았다.

pupils his teacher the was swim watching.

→

Test C

* 다음을 영역하시오.

1. 나는 Tom이 자전거를 타고 있는 것을 보았다.
2. 선생님은 학생들이 수영하고 있는 것을 지켜보았다.
3. 아버지가 외출하는 소리가 들렸다.
4. 생선을 굽고 있는 냄새가 난다.
5. 어두운 곳에서 무엇인가가 나의 발에 닿았다.

<NOTES> 보어의 형태는 1.4.는 현재분사, 나머지는 원형.

Test D

* 다음 주어진 단어들을 이용해 문장의 순서에 알맞게 바른 어순으로 고치시오.

1. 나는 그녀가 빗속을 달려가는 것을 보았다.

rain the off her in saw I running.

→

2. 나는 심장이 심하게 두근거리는 것을 느꼈다.

my felt violently beating I heart.

→

3. 아기가 새근새근 자고 있는 것을 알았다.

baby in found sleeping the I peace.

→

4. 누군가가 문을 여는 소리가 났다.

the someone heard I shut door.

→

Test E

* 다음을 영역하시오.

1. 나는 그녀가 빗속을 달려가는 것을 보았다.
2. 나는 심장이 심하게 두근거리는 것을 느꼈다.
3. 아기가 새근새근 자고 있는 것을 알았다.
4. 누군가가 문을 여는 소리가 났다.
5. 아이들은 사자가 우리 속에서 누워 있는 것을 발견했다.

6. 나는 이태리어를 말하는 것을 들은 적이 없다.

7. 그는 여동생이 피아노 치는 소리를 들은 적이 없다.

8. 두 유명 선수에 의해 경기가 거행되는 것을 보려고 많은 사람들이 모였다.

<NOTES> 1. [달려가다] running off, 2. [두근두근하다] beat fast, 3. 주어 불명확 find를 사용한다. [새근새근] in peace, 4. hear someone spoken, 5. lie→ lying, 6. hear Italian spoken, 7. hear his sister play. 경험을 말할 때는 원형, 8. see the game played between.

* 보어가 원형일 때와 현재분사일 때의 차이

I saw a dog walk across the street. (다 건너갈 때까지 지켜보다.)

I saw a dog walking across the street. (건너고 있는 것을 보았다.)

순간적인 동작을 나타내는 동사가 보어가 될 때는 원형을 취한다.

hear the window break (창이 깨지는 소리를 듣나.)

see an apple fall down (사과가 떨어지는 것을 듣다.)

■ 정답 ■

A 1. singing 2. dance 3. shake 4. reading 5.him 6. called

B 1. I saw Tom riding a bicycle.

2. The teacher was watching his pupils swim.

C 1. I saw Tom riding a bicycle.

2. The teacher was watching his pupils swim.

3. I heard my father go out.

4. I smelled fish burning.

5. I felt something touch my foot in the dark.

D 1. I saw her running off in the rain.

2. I felt my heart beating violently.

3. I found the baby sleeping in peace.

4. I heard someone shut the door.

E 1. I saw her running off in thee dark.

2. I felt my heart beating violently.

3. I found the baby sleeping in peace.

4. I heard someone shut the door.

5. The children found the lion lying in the cage.

6. I have never heard Italian spoken.

7. He has never heard his sister play the piano.

8. A great number of people gathered to see to the game played between the two famous players.

Chapter 12 사역동사

기본 영작문 Pattern

1. 당신의 개가 짓는 것을 멈추게 해 주시겠습니까?

→ will you make your dog stop barking?

<POINTS> [멈추게 하다]는 stop이고 동명사를 목적어로 취하다.

2. 댁까지 차로 모셔다 드리겠습니다.

→ Let me drive you home.

<POINTS> [차로 모셔다 드리다]는 [drive+사람+장소]의 순서.

3. 형이 내 차를 수리해 주었다.

→ I had my brother repair my bicycle. (I had my bicycle repaired by my brother.)

<POINTS> [수리를 받다]는 have또는 get을 사용한다.

4. 누군가에게 이 편지를 부치게 하겠다.

→ I'll get someone to post this letter.

<POINTS> [편지를 부치다] post a letter.

5. 쿠키 굽는 것을 도와드릴까요?

→ Shall I help you bake cookies?

<POINTS> [쿠키를 굽다]는 bake이고 burn은 사용하지 않는다.

* 사역을 나타내는 대표적인 동사는 make와 let이지만 make는 화자의 명령을 나타내고 let는 화자의 허가를 나타낸다. 즉 Make him go는 [가게 하라]이고 Let him go.는 [가게 해 주세요]이다.

그 외에 같은 종류의 동사로서 have, get, allow, help 등이 있다.

보어는 일반적으로 동사의 원형이지만 get, allow는 to가 있는 부정사를 필요로 한다.

넓은 의미에서는 tell, ask, keep 등도 사역동사로 생각할 수 있다. keep을 사용하는 경우는 Keep him waiting과 같이 보어는 동명사로 된다.

Test A

* (　　　) 속에서 알맞은 어구를 고르시오.

1. I'll have my sister (mend, to mend, mended) my socks.
2. Will you let me (to use, use, using) your telephone?
3. I have to get some baby (polish, polishing, to polish) my shoes.
4. The coach makes us (swimming, swim, to swim) five hours a day.
5. Allow me (introduce, to introduce, introducing) my self to you.

<NOTES> make, let, have의 보어는 동사 원형이고 to는 붙지 않는다.

Test B

* 다음 주어진 단어들을 이용해 문장의 순서에 알맞게 바른 어순으로 고치시오.

1. 그에게 좋아하는 것을 하게 하세요.

what he do likes let him.

→

2. 남동생에게 당신을 방문하도록 시키겠습니다.

you call brother on have my I'll.

→

Test C

* 다음을 영역하시오.

1. 그에게 좋아하는 것을 하게 하세요.
2. 남동생에게 당신을 방문하도록 시키겠습니다.
3. 누군가에게 안경을 수선시켜야 한다.
4. 당신은 당신의 의사를 영어로 전달할 수 있습니까?
5. 누가 당신에게 그렇게 하도록 했습니까?

<NOTES> 1. let ; what he likes, 2. have, 3. have, 4. make oneself understood, 5. make

Test D

＊ 다음 주어진 단어들을 이용해 문장의 순서에 알맞게 바른 어순으로 고치시오.

1. 잠시 동안은 누구도 이 방에 들어오게 하지 마세요.

one come for this no let into a room while.

→

2. 만약에 비가 내리면 그들은 밖에서 기다리게 할 수 없다.

it if rains, wait make can't them outside I.

→

3. 누구라도 자유롭게 출입시켜도 좋다.

in come anyone out and let freely go.

→

4. 당신의 짐을 들어 드리겠습니다.

your let carry baggage me.

→

5. 새로운 선생님은 학생들에게 많이 공부시킨다.

his teacher study the students new makes hard.

→

Test E

＊ 다음을 영역하시오.

1. 잠시 동안은 누구도 이 방에 들어오게 하지 마세요.

2. 만약에 비가 내리면 그들은 밖에서 기다리게 할 수 없다.

3. 누구라도 자유롭게 출입시켜도 좋다.
4. 당신의 짐을 들어 드리겠습니다.
5. 새로운 선생님은 학생들에게 많이 공부시킨다.
6. 그는 급해서, 말을 가능한 한 빨리 달리게 했다.
7. 그의 전화번호를 찾는 것을 도와주시겠습니까?
8. 그는 아들이 원하는 돈을 갖게 하지 않았다.
9. 몇 사람인가의 운반인에게 피아노를 운반하도록 해야 한다.
10. 아버지는 나를 유학하도록 하지 않을 것이다.
11. 당신의 자동차를 오후부터 빌려주지 않겠습니까?

<NOTES> 1. let, 2. make, 3. let, 4. let, 5. the new teacher make, 6. make, 7. help me find, 8. let, 9. get, 10. let me study abroad, 11. let me use

* help의 보어로는 to가 붙은 것과 붙지 않은 것이 있지만 붙지 않는 경향이 있으므로 작문할 때에는 to가 없어도 된다.

let과 help의 특수한 용법으로 보어인 동사를 생략해서 부사만을 남게 하는 경우도 있다.

<EX> Let him out. (외출하게 하다.)

Help him in. (들어오게 하다.)

■ 정답 ■

A　1. mend　2. use　3. to polish　4. swim　5. to introduce

B　1. Let him do what he likes.

2. I'll have my brother call on you.

C　1. Let him do what he likes.

2. I'll have my brother call on you.

3. I have to have someone fix my glasses.

4. Can you make yourself understood in English?

5. Who made you do so?

D　1. Let no one come into this room for a while.

2. If it rains, I can't make them wait outside.

3. Let anyone come in and go out freely.

4. Let me carry your baggage. (Let me help you with your baggage.)

5. The new teacher makes his students study hard.

E　1. Let no one come into this room for a while.

2. If it rains, I can't make them wait outside.

3. Let anyone come in and go out freely.

4. Let me carry your baggage. (Let me help you with your baggage.)

5. The new teacher makes his students study hard.

6. In his hurry, he made his horse run as fast as he could.

7. Will you help me find his telephone number?

8. He did not let his son have the money that he wanted.

9. I'll have to get some movers to move the piano.
10. Father will not let me study abroad.
11. Will you let me use your bicycle this afternoon?

Chapter 13 There is 구문

기본 영작문 Pattern

1. 학교 가까이에 버스 정류장이 있다.

→ There is a bus stop near our school.

2. 누군가 영어를 할 수 있는 사람이 여기에 없습니까?

→ Is there anyone who can speak English here?

<NOTES> Here is ~.의 의문형은 Is here ~?이 아니고 Is there ~here?로 된다. [없습니까?]는 영어로는 부정으로 말하지 않는다.

3. 미국에서는 토요일과 일요일에는 수업이 없다.

→ In America there is no school on Saturday and sundays.

<NOTES> [없다]는 There is no ~.가 좋다.

4. 그의 보고에는 실수가 있을 지도 모른다.

→ There may be a mistake in his report.

<NOTES> [있을지도 모른다]는 There may be ~.로 한다.

5. 이전에 그의 집 옆에는 큰 나무가 있었다.

→ There used to be a big tree by the side of his house.

<NOTES> [이전에 있었다]는 used to를 활용한다.

* [있다], [없다]의 표현으로 There is 구문은 가장 기본적인 것이다.

There에 이어지는 동사도 be 동사로 한정되지 않는다. may be, must be, used to be, seem to be 등도 이어질 수 있다.

Test A

* (　　) 속의 우리말과 같이 되도록 각 문장 앞의 There 다음에 적당한 어구를 보충하시오.

1. There ________ ________ an open concert in the park.

(공원에서 야외 연주회가 있을 것이다.)

2. There ________ ________ some means of communication.

(어떤 연락 수단이 있음에 틀림이 없다.)

3. There ________ ________ trouble between the two nations.

(양국 간에 약간의 문제가 있는 것 같다.)

4. There ________ ________ ________ an accident on the way.

(가끔 도중에 사고가 있었다.)

5. There ________ ________ ________ such a custom long ago in this country.

(과거에 이 나라에도 그런 관습이 있었다.)

6. There ________ ________ a change in the original plan.
(원래의 계획에 변경이 있을지도 모른다.)

<NOTES> 3. seem 4. happen 5. used to 6. may

Test B

* There is의 구문을 사용하여 영역하시오.

1. 내일은 Strike가 있어서 학교는 쉽니다.
2. 누군가 그녀를 도와주는 사람이 있음이 틀림없다.
3. 때때로 그의 집 근처에서 화재가 있었다.
4. 봄은 거의 끝나고 있다. 초여름의 징후가 농후하다.
5. 불이 없는 곳에 연기는 나지 않는다.
6. 문을 노크하는 소리가 있었다. 누군가가 밖에 있는 것 같다.
7. 오늘 밤은 만월(滿月)일지 모른다.
8. 이전에는 작은 역이어서 2~3명의 역원이 근무하고 있었다.
9. 기분이 매우 좋지 않다. 위가 나쁜 것 같다.
10. 이번 달 초 이래로 교통사고가 한 번도 없었다.

<NOTES> 1. There is를 미래형으로 한다. 2. [도와주는 사람] someone who helps her ; must be 3. [그의 집 근처에] in his neighborhood 4. [끝나다] be over [징후] sign 5. [연기가 나지 않다] There is no smoke 6. [노크하는 소리가 있었다.] There was a knock 7. may be 8. used to be 9. seems to be 10. there has been

* There was …와 There used to be …의 차이 [과거에 이곳에 역이 있었다]를 There was a station here.로 하면 지금은 있을지도 모르지만 There used to be a station here.로 하면 지금은 그 역은 없는 것을 나타낸다.

■ 정답 ■

A 1. will be 2. must be 3. seems to be 4. happened to be
5. used to be 6. may be

B 1. There will be a strike tomorrow and so there will be no school.
2. There must be someone who helps her.
3. There happened to be a fire in his neighborhood.
4. Spring is almost over. There is every sign of early summer.
5. There is no smoke without fire. (There is no smoke where there is no fire.)
6. There was a knock on the door. There seems to be somebody outside.
7. There may be a full moon tonight.
8. There used to be a small station here, and a few workers were at work.
9. I don't feel quite well. There seems to be something wrong with my stomach.
10. There has been to no traffic accident since the beginning of this month.

Chapter 14 형용사의 용법

기본 영작문 Pattern

1. Tom은 정직한 소년이다.

→ Tom is an honest boy.

2. 이 소년은 매우 정직하다.

→ The boy is very honest.

3. 그는 상냥해 보인다.

→ He looks gentle.

<POINTS> [보이다]면 look, [들리다]면 sound, [추측하다]면 seem을 이용한다.

4. 그 벨트를 매고 있으면 당신은 안전하다.

→ The belt will keep you sate.

<POINTS> [벨트]를 주어로 하면 문장이 간결하게 된다. 동사는 Keep을 한다. [매다]]라는 동사는 불필요 하다.

5. 나는 그 곳에서 무엇인가 진귀한 것을 찾고 있었다.

→ I was looking for something strange there.

<POINTS> [무엇인가 진귀한 것]은 something, strange이다. 그 외에 anything, everything, nothing 등은 모두 형용사가 뒤에 온다.

6. 그 고양이는 내가 보았을 때 자고 있었다.

→ The cat was asleep when I saw her.

<POINTS> [자고 있다]는 be sleeping 또는 be asleep이다.

* 형용사의 기본적인 용법은 2가지가 있다. 하나는 명사 앞에 붙는 용법이고, 또 하나는 동사의 뒤에 붙어서 보아가 되는 용법이다. 전자를 제한적 용법이라 하며 후자를 서술직 용법이라 한나.

look gentle(상냥하게 보이다), seem impossible(불가능한 것 같다)와 같이 자동사의 보어로 된다.

find it dangerous(위험인 것을 알다), leave the door open(문은 열어 둔 채로 두다)과 같이 타동사의 보어로 된다.

보통 서술 용법으로만 사용하는 형용사도 있다. asleep, afraid, alive, content 등이 그것이다.

Test A

* (　　　) 속에서 알맞은 말을 고르시오.

1. The price of the bike was too (tall, much, expensive) for me.
2. The boy (pleasing, pleased, pleasant) to win the prize.
3. The air trip is more (economic, economical, economy) than you image.
4. How (soon, early, fast) can you give bank the money?
5. Motor car are often (troublesome, troubling, troubled) to us.
6. People were (surprising, surprised, surprise) to hear the news.

Test B

* 잘못된 곳을 고치시오.

1. I was thirst and wanted cold something to drink.
2. He is impossible to speak English.
3. There are many audiences in the hall.
4. The two first lines of the poem are quite excellent.
5. Science, makes us possible to lead comfortable mote lives.

<NOTES> 1. thirst를 형용사로 한다. cold의 위치는 바른가? 2. 주어를 it으로 한다. 3. audience는 집합명사 4. 어순은 바른가? 5. 전반은 it이 필요, 후반은 어순이 문제.

Test C

* 밑줄 친 말에 주의해서 각 문장을 비교해서 번역하시오.

1. I know a <u>certain</u> boy who came from Africa.

   I is <u>certain</u> that he came from Africa.

2. As far as I know he is quite <u>right</u>.

   You'll find the library on your <u>right</u>.

3. The president was <u>present</u> at the conference.

   The present <u>president</u> is Mr. Clinton.

<NOTES> 밑줄 친 말은 각각 다른 의미이다.

Test D

* 다음 주어진 단어들을 이용해 문장의 순서에 알맞게 바른 어순으로 고치시오.

1. 이 극을 어떻게 생각합니까? 매우 재미있다고 생각합니다.

this find you how do play? it very I interesting found.

→

Test E

* 다음을 영역하시오.

1. 이 극을 어떻게 생각합니까? 매우 재미있다고 생각합니다.
2. 그녀는 한복을 입고 있어서 매우 아름답게 보인다.
3. 이 책의 후반은 덜 중요하다.

<notes> 1. [어떻게] what인가 how인가? 2. look을 사용한다. 3. [후반]은 the later half인가 the latter half인가? [비교적 ~아니라] less

* [the+형용사=복수 명사]로 될 수 있다.

<EX> The rich are not always happier than the poor.

(부자가 가난한 사람보다 항상 행복한 것은 아니다.)

■ 정답 ■

A 1. expensive 2. pleased 3. economical 4. soon 5. troublesome
6. surprised

B 1. thirst→ thirsty ; cold something to drink→ something cold to drink
2. He is impossible→ It is impossible for him
3. audiences→ audience 4. two first→ first two
5. makes us possible→ makes it possible for us ; comfort able more→ more comfortable

C 1. 미국에서 온 어떤 소년을 알고 있다.
그가 미국에서 온 것은 확실하나.
2. 내가 알고 있는 한 그는 절대적으로 옳다.
도서관은 당신의 오른쪽에 있다.
3. 대통령은 그 회의에 출석했다.
현재의 대통령은 Clinton이다.

D 1. How do you find this play? I found it very interesting.

E 1. How do you find this play? (What do you think of this play?) I found it very interesting. (I think it is very interesting)
2. She looked very beautiful in her Hanbok.
3. The latter half of the book is less important.

Chapter 15 부사의 용법

기본 영작문 Pattern

1. 말은 매우 빨리 달린다.

→ Horses run very fast.

2. 최근에 그는 자주 (2층 침실에서) 늦게 일어난다.

→ Lately he often comes down late.

<NOTES> [최근]은 lately, [늦게]는 late이다.
[일어난다]는 영어의 상식에서는 2층의 침실에서 [내려온다]의 표현으로 나타낸다.

3. 한국 학생은 매우 열심히 공부를 한다.

→ Korean student work very diligently.

<NOTES> 형용사인 diligent의 어미에 -ly를 붙이면 [열심히]라는 부사가 된다. 이런 종류는 매우 많다.

4. 비와 바람이 매우 강해서 나는 거의 걸을 수 없었다.

→ It was raining and blowing so hard that I could hardly walk.

<NOTES> hard와 hardly는 모두 부사로 사용될 수 있지만 의미는 전혀 다르기 때문에 틀리기 쉽다.

5. 명백히 그는 진실을 알고 있었다.
→ Clearly he knew the truth.

<NOTES> clearly가 문두에 오면 It is clear that.의 의미로 되며 그 문장 전체를 수식하고 관계가 없게 된다. 이러한 역할을 하는 동사는 이 외에 certainly, probably, evidently 등이 있다.

* 부사는 항상 형용사와 밀접한 관계가 있다. 형태로서 나누면 ①. 동일한 말이 형용사·부사로 사용되는 것 …early, fast, right 등. ②. 형용사의 어미에 -ly가 붙어서 부사로 되는 것 …easy>easily, quick>quickly, loud> loudly 등.

hard와 hardly의 같이 hard의 어미에 -ly를 첨가해서 나른 의미로 사용되는 말도 있으므로 주의해야 한다. late>lately, just>justly 등이 이것이다.

Test A

* 각각의 문장의 의미에 변함이 없도록 빈 곳에 알맞은 말을 넣으시오.

1. Tom is an early riser. = Tom rises _________.
2. Jin is a hard worker. = Jim works _________.
3. Jane gave a right answer. = Jane answered ________.
4. Mary is a fast swimmer. = Mary swims _________.
5. Korea has rapid trains. = Some Korean trains run very _________.

6. He is a good speaker of English. = He speakers English ________.

<NOTES> 왼쪽 문장의 형용사가 오른쪽 문장 속에서는 부사로 된다. 그 경우, 형태가 변하는가? 변하지 않는가?

Test B

* (　　　) 속에서 알맞은 말을 고르시오.

1. Have you (ever, yet, before) seen a panda?
2. No, not (still, yet, now).
3. I haven't seen one, (too, also, either).
4. I want to see him two days (ago, before, past).
5. He had been sent to hospital two days (ago, before, past).
6. He is feeling (very, much, more) better today.
7. I listened (hard, hardly) to him on the phone, but I could (hard, hardly) hear him.

Test C

* 다음 주어진 단어들을 이용해 문장의 순서에 알맞게 바른 어순으로 고치시오.

1. 처음의 모퉁이에서 오른쪽으로 돌고 똑바로 가시오.

the first at turn right corner, straight and go.

→

2. 다행스럽게 그 화재에서 아무도 죽지 않았다.

killed the one in no fire was fortunately.

→

3. 그는 친절하게도 나에게 일을 찾아 주었다.

find was kind me a enough to he job.

→

Test D

* 다음을 영역하시오.

1. 처음의 모퉁이에서 오른쪽으로 돌고 똑바로 가시오.
2. 다행스럽게 그 화재에서 아무도 죽지 않았다.
3. 그는 친절하게도 나에게 일을 찾아 주었다.
4. 아버지는 매일 저녁 늦게 귀가하셔서 최근에 거의 만난 적이 없다.
5. 아직 비가 내리고 있다. 우울하게 된다.
6. 이 과일을 먹은 적이 있습니까? 예, 한 번 있습니다.
7. 당신은 한국인입니까? 예, 그렇습니다.

<NOTES> 1. [오른쪽으로 돌다] turn (to the) right [똑바로 가다] go straight 2. fortunately로 시작한다. 3. [친절하게도]를 kindly로 하지 말 것. kind enough to 4. late와 lately를 사용한다. 5. [아직] still [우울하게] unhappy 6. once의 유치에 유의. taste를 사용하면 좋다. 7. [그렇습니다.] so, I am.

* once는 [한번]인가 [예부터]인가?

I have visited Paris once. (한번 파리를 방문한 적이 있다.)

Once I lived in Paris. (이전에 파리에 산 적이 있다.)

[좋은 냄새가 나다], [차갑게 느끼다]를 smell sweetly, feel coldly로 해서는 안 된다. smell, feel 등의 보어는 반드시 형용사이다.

■ 정답 ■

A 1. early 2. hard 3. right 4. fast 5. rapidly 6. well

B 1. ever 2. yet 3. either 4. ago 5. before 6. much
7. hard, hardly

C 1. Turn right at the first corner, and go straight.
2. Fortunately no one was killed in the fire.
3. He was kind enough to find me a job.

D 1. Turn (to the) right at the first corner, and go straight.
2. Fortunately no one was killed in the fire.
3. He was kind enough to find me a job.
4. I have seldom seen my father lately, because he comes home late every night.
5. It is sill raining. I feel unhappy to see it. (It makes me feel unhappy.)
6. Have you ever tasted this fruit? Yes, I've tasted it once.
7. Are you a Korean? So I am.

Chapter 16 의문사

기본 영작문 Pattern

1. 무슨 일이 있어요? 안색이 좋지 않아요.

→ What's wrong with you? You don't look well.

<POINTS> [무슨 일이 있어요?]는 matter를 사용해도, wrong을 사용해서도 나타낼 수 있다.

2. 당신의 새 발명품은 무슨 도움이 됩니까?

→ What is the use of your new invention?

<POINTS> [도움]은 [용도]이므로 What is the use …?의 형태로 쓴다.

3. 기차 여행과 항공 여행 중 어느 쪽을 좋아합니까?

→ Which do you like better, traveling by train or traveling by air?

<POINTS> [여행]은 a trip 또는 traveling으로 한다.
[좋아함]은 이 경우 비교급인 better를 수반한다.

4. 어디 출신입니까?

→ Where are you from?

5. 여기서부터 역까지의 거리는 얼마나 됩니까?

→ How far is it from here to the station?

<POINTS> 거리를 묻는 경우에는 How far …?로 한다.

* 의문사는 간단한 것 같지만 우리말의 표현은 정확성을 겸하고 있기 때문에 단순히 우리말과 바꾸어 놓아서는 틀리기 쉽다.

5.의 거리를 묻는 경우에서도 때에 따라 일정하지 않다. how long, how much, how high 등 여러 가지 상황에 맞추어서 영역을 해야 한다.

의문사의 어려움은 여기에 있다.

또한 영어의 습관적 용법에 따라 what과 how가 결정되어 있는 것도 있다.

What do you think …? (어떻게 생각하는가?) How do you say …? (어떻게 말하는가?)

Test A

* 우리말과 일치하도록 특히 밑줄 친 곳에 주의해서 (　　) 속에서 알맞은 말을 고르시오.

1. 그 손은 어떻게 된 것입니까? 피가 나고 있군요.

→ (What, How, Which) happened to your hand? It's bleeding.

2. 한국을 어떻게 생각합니까?

→ (What, How, Why) do you think of Korea?

3. 어떻게 그것을 알았습니까?

→ (What, How, Where) do you know it?

4. 도대체 어찌하면 좋습니까?

→ (What, How, Which) should I do?

5. 당신은 어떻게 해서 그렇게 천천히 걷고 있습니까?

→ (What, How, Why) do you walk so slowly?

Test B

* 잘못된 것을 고치시오.

1. Who does want to see me?
2. Do you think when your father will come home?
3. Do you know who is he?

<NOTES> Do you know는 문두에 올 수 있지만 do you think는 의문사가 있을 때에는 문장 속에 넣는다.

Test C

* 다음 주어진 단어들을 이용해 문장의 순서에 알맞게 바른 어순으로 고치시오.

1. 프랑스의 수도는 어디라고 생각합니까?

capital think what is you of do the france?

→

2. 그 사람은 그 후, 어떻게 되었습니까?

him become of then has since what?

→

3. 어떻게 해서 그런 일이 일어났습니까?

do you why thing such a did?

→

Test D

* 다음을 영역하시오.

1. 프랑스의 수도는 어디라고 생각합니까?
2. 그 사람은 그 후, 어떻게 되었습니까?
3. 어떻게 해서 그런 일이 일어났습니까?
4. 언제부터 여기에서 살고 있습니까?
5. 버스는 몇 분 간격으로 옵니까?
6. 어떤 책을 읽고 싶다고 생각합니까?
7. 휴식을 취하는 것이 어떻습니까?

<NOTES> 1. [어디]는 Where이 아니고 What. 2. Where has become of (or happen to) …? 3. Why 4. [언제부터] How long 5. [1시간에 몇 회]로 생각한다. How often 6. [어떤] What 7. Why don't you …?

* Do you think는 Do you know와는 달리 의문사 다음에 삽입되는 것이 원칙이고 주문(主文)의 주어와 동사의 어순은 평서문의 어순으로 한다.

<EX> What do you think am I? (X)
What do you think I am? (O)
(나를 누구라고 생각합니까?)

■ 정답 ■

A 1. What 2.What 3. How 4. What 5. Why

B 1. does (~를 취한다.) 2. When do you think (~로 한다.)
3. Who he is (~로 한다.)

C 1. What do you think is the capital of France?
2. What has become of him since then?
3. Why did you do such a thing?

D 1. What do you think is the capital of France?
2. What has become of him since then? (What happened to him …?)
3. Why did you do such a thing? (What made you do such a thing?)
4. How long have you been living here?
5. How often an hour does the bus come?
6. What (a kind of) book do you want to read?
7. why don't you take a rest?

Chapter 17 부정사 (I)

 기본 영작문 Pattern

1. 노인을 돕는 것은 우리들의 사회적 의무이다.

→ To help old people is our social duty.

<POINTS> [돕다]는 help가 좋다.

2. 남동생의 취미는 우표를 모으는 것이다.

→ My brother's hobby is to collect stamps.

<POINTS> [모으다]는 collection의 동사형 collect를 사용한다.

3. 나는 그를 정직하다고 믿는다.

→ I believe him to be honest.

4. 어두워지기 전에 집으로 돌아가고 싶다.

→ I want to go home before dark.

<POINTS> [어두워지기 전에] before dark [~하고 싶다] what to~

5. 친절하게도 그렇게 말해 주셔서 고맙습니다.

→ It is very kind of you to say so.

* 5.는 It is very kind of you to do …라는 관용구.

각 문장에 나타나 있는 부정사를 나타내면 to help, to collect, to be honest, to go home, to say so로 모두 명사의 역할을 하고 있다.

to help는 그 문장의 주어이고, to collect와 to be honest는 동사의 보어가 되고 있다.

to go home은 동사 want의 목적어이다. want to와 같이 hope to, like to, hate to와 같이 동사와 결합하는 용법이 특히 많다.

동사와 부정사 사이에 목적어가 들어가는 용법도 중요하다.

<EX> I want you to help me. (도움을 받고 싶다.)

He told me to wait here. (그는 나에게 여기에서 기다리라고 말했다.)

부정사의 용법에서 중요한 것은 It is … to ~의 구문이다.

1.의 예문에서 보면 It is our social duty to help old people.로 바꾸어 쓸 수 있고 영문으로도 좋은 문형이다. 또한 It is hard for me to speak English로 하면 [(영어를 말하는 것이) 나에게는 어렵다.]라는 한정된 표현으로 된다.

Test A

* 다음 주어진 단어들을 이용해 문장의 순서에 알맞게 바른 어순으로 고치시오.

1. 그는 대학에 입학하길 원한다.

the wants go university to he to.

→

2. 그녀는 그들에게 도움 약속을 했다.

to she them promised help.

→

3. 우리는 내일 영화 보러 가지 않기로 결정했다.

movies decided go have to the tomorrow we not to.

→

Test B

* 다음을 영역하시오.

1. 그는 대학에 입학하길 원한다.
2. 그녀는 그들에게 도움 약속을 했다.
3. 우리는 내일 영화 보러 가지 않기로 결정했다.
4. 나는 그 편지에 우표를 붙이는 것을 잊었다.
5. 결국 그는 돈을 지불하는 것에 동의했다.
6. 단 것을 너무 먹지 않도록 주의하세요.
7. 잊지 말고 냉방장치(cooler)를 끄세요.

<NOTES> 1. want to 2. promise to 3. decide to 4. forget to 5. agree to 6. Be careful not to 7. Be sure to

Test C

* 다음 주어진 단어들을 이용해 문장의 순서에 알맞게 바른 어순으로 고치시오.

1. 아버지는 내가 어렸을 때 수영을 가르쳐주셨다.

in me taught swim childhood father to my.

→

2. 많은 젊은이들이 그에게 영어를 가르치는 것을 원한다.

wanted young him English teach many people to them.

→

3. 나는 아저씨에게 유럽에 데리고 가줄 것을 요청했다.

uncle Europe to my asked I take to me.

→

Test D

* 다음을 영역하시오.

1. 아버지는 내가 어렸을 때 수영을 가르쳐주셨다.
2. 많은 젊은이들이 그에게 영어를 가르치는 것을 원한다.
3. 나는 아저씨에게 유럽에 데리고 가줄 것을 요청했다.
4. 당시 한국의 법률은 외국인이 한국에 들어오는 것을 허락하지 않았다.
5. 그의 동급생들은 그가 경기 대회에서 승리하는 것을 기대하고 있다.
6. 의사는 나의 아버지에게 술을 금할 것을 충고했다.

<HINTS> 2. want him to 4. allow any foreigner to 5. expect him to 6. advise my father to

Test E

* 다음 주어진 단어들을 이용해 문장의 순서에 알맞게 바른 어순으로 고치시오.

1. 그에게 충고해도 소용없다.

useless him it advise is to.

→

2. 이 책을 2일에 읽는 것은 불가능하다.

read impossible it two book is to this days in.

→

3. 좋은 친구를 사귀는 것은 어렵다.

to it good important friends is choose.

→

4. 영어를 배우는 것은 한국인에게는 어려운 일이다.

Korean is for the English difficult it learn to.

→

Test F

* 다음을 영역하시오.

1. 그에게 충고해도 소용없다.
2. 이 책을 2일에 읽는 것은 불가능하다.
3. 좋은 친구를 사귀는 것은 어렵다.
4. 영어를 배우는 것은 한국인에게는 어려운 일이다.
5. 적당한 운동을 하는 것이 당신에게는 필요하다.
6. 이 강을 수영해서 건너는 것은 그에게는 쉬운 일이다.
7. 그가 자신의 방을 청소하는 것은 진귀한 일이다.
8. 그런 중요한 것을 잃어버리다니 얼마나 부주의한가? 자네.

<HINTS> 1. useless 3. important 4. for the Korean이 to learn앞에 온다. 5. necessary for you 7. unusual for him 8. careless of you to ~.

* to do의 부정은 not to do이다.

<EX> They decided not to go out.
(그들은 외출하지 않기로 결정했다.)

It is … of you to do ~는 어떤 사람의 행위를 비평하는 표현이고 It is … for you to do ~와는 구별해야 한다.

■ 정 답 ■

A 1. He wants to go to the university.
2. She promised to help them.
3. We have decided not to go to the movies tomorrow.

B 1. He wants to go to [enter] the university.
2. She promised to help them.
3. We have decided not to go to the movies tomorrow.
4. I forgot to put a stamp on that letter.
5. At last he agreed to pay the money.
6. Be careful not to eat too much sweet things.
7. Don't forget [Be sure] to turn off the cooler.

C 1. Father taught me [How] to swim in my childhood.
2. Many young people wanted him to teach them English.
3. I asked my uncle to take me to Europe.

D 1. Father taught me [How] to swim in my childhood.
2. Many young people wanted him to teach them English.
3. I asked my uncle to take me to Europe.
4. In those days, the Korean law did not allow any foreigner to got into Japan.
5. His classmates expect him to win the contest.
6. The doctor advised my father to stop drinking.

E 1. It is useless to advise him.

2. It is impossible to read this book in two days.

3. It is important to choose good friends.

4. It is difficult for the Korean to learn English.

F 1. It is useless to advise him.

2. It is impossible to read [flash] this book in two days.

3. It is important to choose good friends.

4. It is difficult for the Korean to learn English.

5. It is necessary for you to take moderate exercise.

6. It is easy for him to swim across this river.

7. It is rather unusual for him to clean his room.

8. How careless of you to lese such an important thing!

Chapter 18 부정사 (III)

기본 영작문 Pattern

1. 무엇인가 마실 것을 원한다.

→ I want something to drink.

<POINTS> [마실 것] something to drink.

2. 오늘 밤은 할 일이 아무 것도 없다.

→ I have nothing to do this evening.

<POINTS> [할 일] something to do 부정으로 하는 경우에는 nothing을 사용한다.

3. 써야 할 편지가 많이 있다.

→ I have a lot of letters to write.

<POINTS> [써야 할 편지] a letter to write.

4. 무엇인가 읽을 것을 가지고 있습니까?

→ Do you have anything to read with you?

<POINTS> [읽을 것] something to read.

5. 이 섬에는 마실 것이 거의 없다.

→ There is almost nothing to eat on this Island.

<POINT> [거의 없다] almost nothing.

* 위의 예문에 공통으로 포함되어 있는 요소는 부정사이고 이것들 모두는 형용사 역할을 하고 있다.

부정사가 형용사의 역할을 할 때에는 반드시 명사 뒤에 온다.

[~하기 위한 무엇인가]라는 표현 즉 [마시기 위한 물], [살기 위한 집] 등에 부정사가 이용된다.

[~하기 위한 무엇인가]에 한정되지 않고 [말할 것은 없다], [앉을 의자가 필요하다] 등의 표현에도 이런 부정사를 쓴다.

[사는 집]이라 할 때에는 a house to live는 틀리고 a house to live in이어야 한다. He has no house to live in. = He has no house in which to live.로 바꾸어 써 보면 알 수 있다. 부정사의 형용사적 용법에서 틀리기 쉬운 것이 이 점이다.

Test A

* ( ) 속에 적절한 전치사를 넣으시오

1. Here is a chair for you to S.T ( ).

2. I'll make you a bed to sleep. ( ).

3. Will you give me a knife to peal the apple (   )?

4. The old man had no one to talk (   ).

5. The mother has two children to take care (   ).

6. The clerk showed me another pair of shoes to try (   ).

Test B

* 다음 주어진 단어들을 이용해 문장의 순서에 알맞게 바른 어순으로 고치시오.

1. 먹을 것은 아무 것도 원하지 않는다. 마실 것만을 원한다.

anything I to eat want don't. something only I drink want to.

→

2. 이번 주는 할 일이 많이 있다.

this many to I do week have things.

→

3. 그는 기차 안에서 읽을 잡지를 한 권 샀다.

read he magazine train a the in to bought.

→

Test C

* 다음을 영역하시오.

1. 먹을 것은 아무 것도 원하지 않는다. 마실 것만을 원한다.

2. 이번 주는 할 일이 많이 있다.

3. 그는 기차 안에서 읽을 잡지를 한 권 샀다.

4. 나는 세들어갈 아파트를 찾고 있는 중이다.

5. 젊은이가 읽어야 할 책은 많이 있다.

6. 책을 읽을 시간이 없다고 말하는 사람이 많다.

7. 일어나세요. 학교에 갈 시간이에요.

<HINTS> 3. a magazine to read 4. a apartment to let 5. many books for the young to read 6. time to read books 7. time to go to school

Test D

* 다음 주어진 단어들을 이용해 문장의 순서에 알맞게 바른 어순으로 고치시오.

1. 그것은 살기에 편안한 집이었다.

comfortable It to house live was a in.

→

2. 당신과 함께 말하고 싶은 것이 있다.

talk I something you about have with to.

→

3. 오늘 밤 묵을 호텔을 찾아야 한다.

for find the stay have in night a to I to hotel.

→

4. 그것을 쓸 펜을 빌려주지 않겠습니까?

write will with you me pen it to a lend.

→

Test E

* 다음을 영역하시오.

1. 그것은 살기에 편안한 집이었다.
2. 당신과 함께 말하고 싶은 것이 있다.
3. 오늘 밤 묵을 호텔을 찾아야 한다.
4. 그것을 쓸 펜을 빌려주지 않겠습니까?
5. 그녀는 내일 파티에 입고 갈 것이 없다고 말한다.
6. 그 캔(CAN)을 열 것이 필요하다.
7. 인류는 하늘을 날 날개는 가지지 않았지만 하늘을 나는 꿈은 계속 가지고 있었다.
8. 들것이라는 것은 환자를 싣고 나르는 것이다.

<HINTS> 1. a comfortable house to live in 2. something to talk about 3. a hotel to stay in 4. a pen to write it with 5. dress to go to the party in 6. a tool to open the can with 7. wings to fly with ; dream to fly 8. a thing to carry a patient on

* [영어는 어렵다]를 영역하면 English is difficult.로도 좋다고 할 수 있지만 English is difficult to learn.이라고 하는 편이 훌륭한 영문이 된다.

<u><EX></u> 핑퐁은 좋은 게임이다.

→ Ping-Pong is an easy game to play.

그것은 놀라운 뉴스이다.

→ It is a dreadful news to hear.

■ 정답 ■

A 1. in or on 2. in 3. with 4. with 5. of 6. on

B 1. I don't want anything to eat. I want only something to drink.
2. I have many things to do this week.
3. He bought a magazine to read in the train.

C 1. I don't want anything to eat. I want only something to drink.
2. I have many things to do this week.
3. He bought a magazine to read in the train.
4. I am looking for an apartment to let.
5. There are many books for young people to read.
6. Many people say that they have no time to read books.
7. Wake up! It is time for you to go to school.

D 1. It was a comfortable house to live in.
2. I have something to talk about with you.
3. I have to find a hotel to stay in for the night.
4. Will you lend me a pen to write it with?

E 1. It was a comfortable house to live in.
2. I have something to talk about with you.
3. I have to find a hotel to stay in for the night.
4. Will you lend me a pen to write it with?
5. She says she has no dress to go to the party in tomorrow.
6. I need a tool to open the can with.

7. Man had no wings to fly with, but he continued to have the dream to fly to the sky.
8. A stretcher is a thing to carry a patient on.

Chapter 19 부정사 (III)

 기본 영작문 Pattern

1. 어머니는 약간의 쇼핑을 위해 시내에 갔다.

→ Mother went downtown to do some shopping.

<POINTS> [시내에 가다]는 go downtown이고 to는 붙이지 않는다.

2. 경기에서 승리하기 위해서는 당신은 최선을 다하여야 한다.

→ You must do your best to win the game.

<POINTS> 시합 또는 경기에 [이기다(승리하다)]는 win, [최선을 다하다]는 do one's best

3. 뵙게 되어서 기쁩니다. (초면의 인사)

→ I am happy to meet you.

<POINTS> [기쁘게 (생각하다)] 미국인은 glad보다는 happy를 많이 사용한다.

4. 그런 일을 그녀에게 말하다니 당신은 바보다.

→ You are a fool to say such a thing to her.

<HINTS> [말하다니] to say, It is foolish of you to say … 또는 You are a fool to say … 형으로 된다.

5. 100살까지 사는 사람은 드물다.
→ Few people live to be a hundred years old.

<HINTS> [드묾]은 Few people을 주어로 하면 좋다.

* 부정사의 부사적 용법 중에서 가장 중요하고 많이 출제되는 것은 [~하기 위해서]라는 목적을 나타내는 표현이다. [~ 때문에]라는 for와 혼동하지 말 것.

[~해서 기쁘다(슬프다, 걱정이다)] 등의 감정의 원인을 나타낼 경우에도 부정사로 나타낸다.

[그런 일을 하는 것은]이라는 판단의 이유를 나타내는 용법은 P.46주어로 한다.

[그 결과 그렇게 되었다.]라는 표현은 and로 연결해도 좋은 표현법이다. 그러나 작문에서는 사용하지 않는 것이 좋다.

Test A

* 밑줄 친 곳이 목적, 원인, 판단의 이유, 결과의 어느 것을 나타내고 있는가를 답하시오.

1. I am sorry <u>to trouble</u> you.
2. She must be well off <u>to be wearing</u> such an expensive dress.
3. I approached the scene <u>to get</u> a better look at it.

4. Every man has to work hard <u>to support</u> his family.

5. Who will grow up <u>to be</u> a musician among you?

Test B

* 다음 주어진 단어들을 이용해 문장의 순서에 알맞게 바른 어순으로 고치시오.

1. 형은 아저씨를 마중하러 역으로 갔다.

station uncle to our my to the uncle went brother meet.

→

2. 모두는 그 소식을 듣고 매우 놀랐다.

surprised they news were hear greatly to all

→

3. 그가 실패했다는 소식을 듣고 나는 슬퍼졌다.

his was to I failure of hear sorry.

→

Test C

* 다음을 영역하시오.

1. 형은 아저씨를 마중하러 역으로 갔다.

2. 모두는 그 소식을 듣고 매우 놀랐다.

3. 그가 실패했다는 소식을 듣고 나는 슬퍼졌다.

4. 그는 병이 든 부모를 보살피기 위해 열심히 일해야 했다.

5. 나의 할아버지는 90세까지 생존했다.
6. 그는 성장해서 훌륭한 과학자가 되었다.
7. 눈을 떠보니 눈이 내려 있었다.

<HINTS> 1. [마중하러] to meet 2. [듣고] to hear 3. [슬퍼지다] be sorry 4. [보살피기 위해] to support 5. [~까지 생존하다] live to be 6. [성장해서 ~이 되다] grow up to be~ 7. [눈을 뜨자 ~이었다] awoke to find~

Test D

* 다음 주어진 단어들을 이용해 문장의 순서에 알맞게 바른 어순으로 고치시오.

1. 수천 명의 사람들이 그를 환영하기 위하여 역에서 기다리고 있었다.

the waiting of welcome at him station thousands were to people.

→

2. Franklin은 항상 자국의 환경을 개선하기 위하여 최선을 다하고 있었다.

always country improve his Franklin to conditions best of was his doing.

→

3. 비행기 시간에 맞추기 위해서는 우리들은 4시에 일어나야 한다.

catch had get to we plane to up the four at.

→

Test E

* 다음을 영역하시오.

1. 수천 명의 사람들이 그를 환영하기 위하여 역에서 기다리고 있었다.

2. Franklin은 항상 자국의 환경을 개선하기 위하여 최선을 다하고 있었다.

3. 비행기 시간에 맞추기 위해서는 우리들은 4시에 일어나야 한다.

4. 나는 힘든 일을 한 후 편안히 쉬려고 생각하고 일찍 귀가했다.

5. 몇 명인가의 소년들은 이 불쌍한 아이를 돕기 위해 역 앞에 서서 모금을 했다.

6. 물을 낭비하지 않도록 사람들은 여러 가지 노력을 했다.

<HINTS> 1. [수천 명의 사람들] thousand of people 2. [환경을 개선하다] improve conditions, [최선을 다하다] do one's best 3. [시간을 맞추다] catch 4. [힘든 일] hard work 5. [모금을 하다] raise money 6. [여러 가지 노력을 하다] make every effort.

* 목적을 나타내는 우리말은 [~하기 위하여]로 한정되지 않는다. [~하도록], [~하려고 해서] 등도 목적을 나타낸다.

[~할 것], [~하기 때문에]는 to do이지만 [~하지 말 것], [~하지 않기 위해]는 not to do의 형을 취한다.

■ 정답 ■

A 1. 원인 2. 판단의 이유 3. 목적 4. 목적 5. 결과

B 1. My brother went to the station to meet our uncle.
2. They were all greatly surprised to hear news.
3. I was sorry to hear of his failure.

C 1. My brother went to the station to meet our uncle.
2. They were all greatly surprised to hear news.
3. I was sorry to hear of his failure.
4. He had to work hard to support his sick parents.
5. My grandfather lived to be ninety.
6. He grew up to be a great scientist.
7. I awoke to find it was snowing.

D 1. Thousands of people were waiting at the station to welcome him.
2. Franklin was always doing his best to improve conditions of his country.
3. We had to get up at four to catch the plane.

E 1. Thousands of people were waiting at the station to welcome him.
2. Franklin was always doing his best to improve conditions of his country.
3. We had to get up at four to catch the plane.
4. I went home earlier than usual to have a good rest after the hard work.

5. Some boys stood in front of the station to raise money to save the poor child.
6. People made every effort not to waste water.

Chapter 20 분사

기본 영작문 Pattern

1. 구르는 돌에는 이끼가 끼지 않는다.

→ A rolling stone gathers no moss.

<POINTS> [구르는 돌]은 a rolling stone, 이끼가 [생기다]는 gather이 좋다.

2. 그의 옆에 앉아 있는 여자는 그의 여동생이다.

→ The girl sitting next to him is his sister.

<POINTS> [앉아 있다]는 현재분사로 된다.

3. 곧 버스가 이쪽을 향해 달려왔다.

→ Soon the bus came running toward us.

<POINTS> [달려오다] come running

4. 불에 덴 아이는 불을 무서워한다.

→ A burned child dreads the fire.

5. 나는 작년 짐이라는 이름의 소년과 친구가 되었다.

→ Last year I made friends with a boy named Jim.

<POINTS> [~라는 이름의]는 [~라는 이름을 가진]이고 named로 된다. [~와 친구가 되다] make friends with~

6. 그는 생존시에는 무명이었다.

→ He remained unknown all his life.

<POINTS> [무명]은 [알려지지 않다]로 unknown이다.

<EX> [무명전사] unknown soldiers

* 분사에는 현재분사와 과거분사가 있다. 각각 진행형과 수동태를 만드는 용법이 있지만, 그 외에 형용사의 비슷한 용법이 있다.

현재분사는 [~하고 있는]이고, 과거분사는 「~되고 있다]라는 형용사로 된다. 이 형용사, 명사의 앞에 붙는 것과 뒤에 붙는 것이 있으므로 쓰기 어려운 점이 있다.

현재분사는 정지 또는 운동을 나타내는 동사의 보어로 된다.

과거분사도 feel, seem 등의 동사의 보어로 된다.

Test A

* (　　) 속에 보기에 있는 동사를 현재분사 또는 과거분사로 고쳐서 넣으시오.

1. They came (　　　) all the way to the station.

2. There were no (　　　) books yet in those days.

3. The boy (   ) the bicycle is my little brother.

4. Here is a flower (   ) sunflower.

5. He seemed (   ) at the news.

→ 보기 : call, ride, surprise, run, print ←

<HINTS> 1.3.은 현재분사

Test B

* 다음 주어진 단어들을 이용해 문장의 순서에 알맞게 바른 어순으로 고치시오.

1. 자고 있는 아기를 깨우지 마라.

wake baby don't the sleeping.

→

2. 저것은 이곳에서 일하고 있는 사람들이다.

working those the here are people.

→

Test C

* 다음을 영역하시오.

1. 자고 있는 아기를 깨우지 마라.

2. 저것은 이곳에서 일하고 있는 사람들이다.

3. 짖는 개는 무는 일이 거의 없다.

4. 나는 삶은 계란보다는 후라이한 계란을 좋아한다.

5. 그 부인은 우울 해보였다.

<HINTS> 1. sleeping baby 3. barking dog 4. boiled egg, fried egg 5. look depressed

Test D

* 다음 주어진 단어들을 이용해 문장의 순서에 알맞게 바른 어순으로 고치시오.

1. 아이들은 사자가 자고 있는 것을 보고 실망한 듯 했다.

looked sleeping the to disappointed children the find.

→

2. 수중에서 사진을 찍는 사람들은 낮이라면 후레쉬를 사용할 필요가 없다.

taking water use daytime the people under do pictures flash in not have to.

→

3. 숙련된 잠수부는 숨을 쉬지 않고 물속에서 일하고 한다.

water to trained under breathing work without used diver.

→

4. 그들은 서서 도움을 요청했다. 그들은 강한 바람으로 난파한 선원들이었다.

calling they help stood for. a boat they a wind wrecked from heavy by were fishing.

→

Test E

* 다음을 영역하시오.

1. 아이들은 사자가 자고 있는 것을 보고 실망한 듯 했다.
2. 수중에서 사진을 찍는 사람들은 낮이라면 후레쉬를 사용할 필요가 없다.
3. 숙련된 잠수부는 숨을 쉬지 않고 물속에서 일하고 한다.
4. 그들은 서서 도움을 요청했다. 그들은 강한 바람으로 난파한 선원들이었다.
5. 영화관은 의외로 혼잡해서 나는 줄곧 서 있었다.
6. 그 마을은 아직 아침 안개 속에서 자고 있었다.
7. 대기실에서는 많은 환자가 앉아서 기다리고 있었다.
8. 그 일은 말하지 않은 두는 편이 좋다고 나는 생각했다.

<HINTS> 1. 지각 동사 구문도 병용. look disappointed 2. people taking pictures 3. [숙련된] trained 4. [서서 부르다] stand calling, [난파선] wrecked ship 5. [줄곧 서 있다] keep standing 6. [자고 있다] lie sleeping 8. [말하지 않고 두다] leave unsaid.

* He sat waiting. (앉아서 기다리고 있었다)은 He was waiting과 He was sitting.의 양쪽을 모두 표현하고 있다고 말할 수 있다. 이 종류의 동사는 정지한 상태를 나타내는 것(lie, stand)과 운동을 나타내는 것(go, come) 등이 보통이다. 과거분사는 seem interested(흥미를 가진 것 같다.), leave unread(읽지 않고 버려두다.) 등과 쓰인다.

■ 정답 ■

A 1. running 2. printed 3. riding 4. called 5. surprised

B 1. Don't wake the sleeping baby.

2. Those are the people working here.

C 1. Don't wake the sleeping baby.

2. Those are the people working here.

3. The barking dog seldom bites.

4. I prefer fried eggs to boiled eggs.

5. The lady looked depressed.

D 1. The children looked disappointed to find the sleeping.

2. People taking pictures under water do not have to use flash in the daytime.

3. Trained diver used to work under water without breathing.

4. They stood calling for help. They were from a fishing boat wrecked by a heavy wind.

E 1. The children looked disappointed to find the sleeping.

2. People taking pictures under water do not have to use flash in the daytime.

3. Trained diver used to work under water without breathing.

4. They stood calling for help. They were from a fishing boat wrecked by a heavy wind.

5. The movie theater was unexpectedly crowded and I was kept

standing all the time.

6. The city still lay sleeping in the morning mist.
7. A number of patients sat waiting in the waiting room.
8. I thought I had better leave it unsaid.

Chapter 21

동명사

기본 영작문 Pattern

1. 백문이 불허 일견.

→ Seeing is believing.

<POINTS> [보는 것], [믿는 것]은 동명사를 나타내는 것이 편리하다.

2. 남동생의 취미는 우표를 모으는 것이다.

→ My brother's hobby is collecting stamps.

<POINTS> [모으다]는 gather이 아니라 collect를 사용한다.

3. 그녀는 테니스를 좋아한다.

→ She is found of playing tennis.

<POINTS> [테니스]는 [테니스를 하는 것]으로 생각할 것.

4. 우리들은 어제 밤 잡담을 즐겼다.

→ We enjoyed chattering till late last night.

<POINTS> [잡담]을 동명사로 한다. [즐기다] enjoy, [늦게까지] till, late

5. 그는 우리에게 잘 있으라는 인사도 없이 떠났다.

→ He left us without saying goodbye.

<POINTS> [말하지 않고] without saying, [~하지 않고]는 without~ ing으로 나타내면 좋다.

* [~하다]가 동사이면 [~하는 것]은 동명사이다. 이 점에서는 부정사의 명사적 용법과 바꾸어 쓸 수 있는 경우가 많다.

동명사는 명사처럼 쓰이기 때문에 문장의 주어, 목적어, 보어로도 된다.

명사와 다른 점은 목적어를 취하는 경우가 있는 것이다.

<EX> collecting stamps, playing tennis 등

동명사는 동사적인 성질로서는 부사와 연결되는 경우가 있다.

<EX> rising early (일찍 일어나는 것)

동사 중에는 동명사만을 목적어로 취하는 것이 있다. 그런 것들(avoid, enjoy, finish, mind 등)은 암기해 두어야 한다.

Test A

* (　　) 속에서 알맞은 어구를 고르시오.

1. You can enjoy (swim, swimming, to swim) here.
2. Can you finish (to read, reading, read) the book tomorrow?
3. Would you mind (opening, to open, to let open) the window for me?

4. I'm looking forward (to see, to seeing, see) you soon.

5. Don't you remember (meet, to meet, meeting) her last week!

Test B

* 다음 주어진 단어들을 이용해 문장의 순서에 알맞게 바른 어순으로 고치시오.

1. 나는 자기 전에 전등을 끈다.

turn bed light going I to the off before.

→

2. 남자들은 야구하는 것을 좋아한다.

playing boys of baseball are fond.

→

3. 여자들은 음악을 듣는 것을 좋아한다.

to fond girls of are music listening.

→

Test C

* 다음을 영역하시오.

1. 나는 자기 전에 전등을 끈다.

2. 남자들은 야구하는 것을 좋아한다.

3. 여자들은 음악을 듣는 것을 좋아한다.

4. 실수하는 것을 두려워해서는 안 된다.

5. 비는 곧 그칠 것이다.

6. 풀 속으로 다이빙하는 것에 주의하시오.

<HINTS> 1. [자기 전에] before going to bed 2.3. [좋아함] like 또는 be found of 4. be afraid of 5. 주어는 It, [비가 그치다] stop raining 6. be careful in diving

Test D

* 다음 주어진 단어들을 이용해 문장의 순서에 알맞게 바른 어순으로 고치시오.

1. 영어를 말하는 것은 쓰는 것보다 쉽다.

writing easier speaking is than it English.

→

2. 그는 양국을 친하게 하는 역할을 맡았다.

Countries played other he making the part in two a with each.

→

3. 새로운 사고법이 급속하게 서양에서 한국으로 들어왔다.

with thinking West fast the new very came ways of from korea.

→

4. 의사가 되려면 어려운 수업을 필요로 한다.

great training a needs becoming deal a of doctor.

→

Test E

* 다음을 영역하시오.

1. 영어를 말하는 것은 쓰는 것보다 쉽다.
2. 그는 양국을 친하게 하는 역할을 맡았다.
3. 새로운 사고법이 급속하게 서양에서 한국으로 들어왔다.
4. 의사가 되려면 어려운 수업을 필요로 한다.
5. 단 것을 너무 먹는 것은 건강에 해롭다.
6. 나는 때를 놓치지 않고 그 사실을 경찰에 알렸다.
7. 나는 호텔로 돌아오는 길을 몰라서 곤란했다.
8. 당신은 늘 잠을 자는 나쁜 버릇을 고쳐야 한다.
9. 어린 시절에 나는 그 책을 몇 번인가 읽은 기억이 있다.

<HINTS> 2.make the two countries friends with each other [역할을 맡다] play a part 3. [새로운 사고법] new ways of thinking 4. Becoming a doctor가 주어. 5. eating sweet things too much 6. lose no time in ~ing 7. have difficulty in ~ing 8. [~을 고치다] get rid of

* [~하는 것]의 의미로 동명사와 부정사를 사용할 수 있지만 be fond of swimming 대신에 be fond to swim이라고 쓸 수는 없다. 이런 종류의 숙어는 모두 같다.

<EX> be afraid of, be fond of, can't help, insist on 등.

■ 정답 ■

A 1. swimming 2. reading 3. opening 4. to seeing 5. meeting

B 1. I turn off the light before going to bed.
2. Boys are fond of playing baseball.
3. Girls are fond of listening to music.

C 1. I turn off the light before going to bed.
2. Boys are fond of playing baseball.
3. Girls are fond of listening to music.
4. Don't be afraid of making mistakes.
5. It will stop raining in a minute.
6. Be careful in diving into the pool.

D 1. Speaking English is easier than writing it.
2. He played a part in making the two countries with each other.
3. New ways of thinking came into Korea from the West very fast.
4. Becoming a doctor needs a great deal of training.

E 1. Speaking English is easier than writing it.
2. He played a part in making the two countries with each other.
3. New ways of thinking came into Korea from the West very fast.
4. Becoming a doctor needs a great deal of training.
5. Eating sweet things too much is bad for the health.
6. I lost no time in telling the matter to the police.

7. I had difficulty in finding my way back to the hotel.

8. You should get rid of the bad habit of getting up late.

9. I remember reading the book again and again my childhood.

Chapter 22 비교 (I)

기본 영작문 Pattern

1. Tom은 나와 같은 키이다.

→ Tom is as tall as I.

<POINTS> 비교의 기본은 동등 비교이고 문형은 A is as ~as B이다. [~]에는 형용사 또는 부사가 온다.

2. Boston은 Chicago보다 크지 않다.

→ Boston is not as large as Chicago.

<POINTS> [A는 B만큼 ~아니다]는 A is not as ~as B이지만 not so ~as도 바르다. 단, 이쪽이 격식을 차린 표현으로 된다.

3. Jane은 Mary만큼 빨리 수영할 수 있다.

→ Jane can swim as fast as Mary.

<POINTS> as ~as 다음에는 명사, 대명사인 주어가 온다. 즉 as tall as I 이며 me는 아니다.

4. Alice는 Beth만큼 피아노를 잘 칠 수 있다.

→ Alice can play the piano as well as Beth.

5. 그의 아버지는 그의 3배의 나이이다.

→ His father is three times as old as he.

<POINTS> [배수를르 나타내는 방법] 즉, [A는 B의 몇 배이다]라는 것은 매우 어려운 듯 하지만 원리는 매우 간단하다. 위의 as ~as의 앞에 배수를 나타내는 어구를 붙이면 된다.

* 배수를 나타내는 어구는 twice (2배), three times (3배)에서 시작하여 뒤는 몇 십 배도 times로 나타내면 된다. times는 꼭 복수로 해야 한다.

<EX> He can run twice as fast as I.

(그는 나보다 2배 빨리 달릴 수 있다.)

[몇 분의 일]이라는 표현도 같은 방법으로 as ~as의 앞에 half (2분의 1), one third (3분의 1) 등을 붙이면 좋다.

<EX> He works half as much as I.

(그는 나의 반밖에 일하지 않는다.)

우리말의 [눈처럼 희다]와 같이 as ~as는 비유적으로 as white as snow, as clear as day, as beautiful as a dream 등과 같이 말한다.

Test A

* 우리말의 뜻과 일치하도록 (　　　) 속에 알맞은 한 단어를 써 넣으시오.

1. He can swim (　　　) as (　　　) as I.

(그는 나의 2배 이상 빠르게 수영한다.)

2. She is as (　　　) (　　　) her sister.

(그녀는 여동생만큼 아름답다.)

3. His little brother is (　　　) old as he.

(그의 남동생은 그의 나이의 절반이다.)

4. I am (　　　) (　　　) diligent as my sister.

(나는 여동생만큼 부지런하지는 않다.)

5. She can speak English as (　　　) (　　　) (　　　).

(그녀는 나만큼 영어를 능숙히 말할 수 있다.)

Test B

* 다음 주어진 단어들을 이용해 문장의 순서에 알맞게 바른 어순으로 고치시오.

1. 나는 당신과 같은 나이이다.

am as you old I as.

→

2. 나의 아버지는 어머니만큼 일찍 일어난다.

mother father as my rises my as early.

→

Test C

* 다음을 영역하시오.

1. 나는 당신과 같은 나이이다.
2. 나의 아버지는 어머니만큼 일찍 일어난다.
3. 나는 그만큼 키가 크지 않다.
4. 그는 나만큼 빨리 달릴 수 있다.
5. 나는 그녀만큼 빨리 수영할 수 없다.

<HINTS> 1. [같은 나이] as old as외에 of the same age도 있다. 2. [~같이 일찍 일어난다] rise as early as~

Test D

* 다음 주어진 단어들을 이용해 문장의 순서에 알맞게 바른 어순으로 고치시오.

1. 그는 작년만큼 영어를 열심히 공부하지 않는다.

hard you last did not are learning as year English as you.

→

2. 그 공원은 남산 공원의 3분의 1 크기이다.

Namsan the one park third as is park as large.

→

Test E

* 다음을 영역하시오.

1. 그는 작년만큼 영어를 열심히 공부하지 않는다.
2. 그 공원은 남산 공원의 3분의 1 크기이다.
3. 비행기로 10분의 1 시간으로 그곳에 갈 수 있다.
4. 나의 형은 나보다 2배의 책을 가지고 있다.
5. 나는 당신과 같은 수의 좋은 친구를 가지고 있다.

<HINTS> 1. [작년만큼] as you did last year 2. [3분의 1] one third 3. [10분의 1 시간으로] in one tenth as much time 4. [~의 2배의 책] twice as many books as~ [~와 같은 수의 친구] as many friends as~

* as well as ~는 [~와 같이 능숙하게]라는 표현일 뿐 아니라 [~와 같이]라는 의미도 된다.

<EX> The sun gives us heat as well as light.
(태양은 빛뿐만 아니라 열도 우리에게 준다.)

as much(long) as도 강조 용법이다.

<EX> She weighs as much as 60Kg.
(그녀는 몸무게가 60Kg이나 된다.)

■ 정답 ■

A 1. twice, fast 2. pretty, as 3. half, as 4. not, as 5.well, as, I

B 1. I am as old as you.
2. My father rises as early as my mother.

C 1. I am as old as you. (We are of the same age.)
2. My father rises as early as my mother.
3. I am not as tall as he.
4. He can't run as fast as I (do).
5. I can't swim as fast as she (does).

D 1. You are not learning English as hard as you did last year.
2. The park is one third as large as Namsan park.

E 1. You are not learning English as hard as you did last year.
2. The park is one third as large as Namsan park.
3. You can fly there in one tenth as much time.
4. My brother has twice as many books as I have.
5. I have as many good friends as you have.

Chapter 23 비교 (III)

기본 영작문 Pattern

1. 내 동생은 나보다 2년 연하이다.

→ My brother is two years younger than I.

<POINTS> two years는 older, younger의 앞에 온다.

2. 시카고는 보스턴보다 더 번영하고 있다.

→ Chicago is much more prosperous than Boston.

<POINTS> [더]라는 비교급을 강조하는 말은 much 또는 far로 비교급 앞에 온다.

<EX> much younger, much older

3음절 이상의 긴 형용사는 비교급 어미변화를 가지지 않는다. more를 앞에 붙여서 비교급을 나타낸다.

<EX> more prosperous, more important

3. 겨울에 뉴욕은 동경보다 더욱 춥다.

→ In winter it is far colder in New York than Tokyo.

<POINTS> [더욱 춥다]는 기후를 비교하고 있는 것이므로 지명을 주어로 할 수는 없다. It를 주어로 해야 한다.

4. 동생은 나만큼 근면하지 않다.

→ My brother is less diligent than I.

<POINTS> [~보다 ~아니다]는 열등 비교라고 부르는 표현으로 less로 나타낸다. less는 more의 반대를 나타내고 원급의 형용사, 부사의 앞에 온다.

5. 오늘은 기분이 어떻습니까?

감사합니다, 많이 좋아졌습니다.

→ How are you feeling today?

Thank you, I am feeling much better.

<POINTS> [많이 좋다]가 비교라는 점을 알아야 한다. 여기에서는 much better로 된다.

6. 밤이 점점 길어져 간다.

→ The nights are becoming longer and longer.

<POINTS> [비교급+비교급]은 [점점 ~하게 되다]

* 비교급을 이용하는 표현의 특징은 비교의 대상에 than을 붙여서 나타내는 것이다.

<EX> longer than, older than

비교급을 나타내는 표현은 3가지가 있다.

(1) 형용사·부사의 어미에 -er을 붙인다.

(2) 형용사·부사의 앞에 more를 붙인다. 어미변화는 없다.

(3) 전혀 다른 형태로 된다.

Test A

* 우리말의 의미와 같아지도록 ( ) 속에 알맞은 말을 넣으시오.

1. The weather is ( ) than it was yesterday.

(날씨는 어제보다 좋지 않다.)

2. The story becomes ( ) interesting in the ( ) part.

(그 이야기는 뒷부분이 더 재미있다.)

3. I have ( ) friends than he.

(나는 그보다 친구가 적다.)

4. ( ) is becoming ( )day by day.

(매일 추워져 가고 있다.)

5. The ears of a rabbit are ( ) than ( ) of a cat.

(토끼의 귀는 고양이의 귀보다 길다.)

Test B

* 다음 주어진 단어들을 이용해 문장의 순서에 알맞게 바른 어순으로 고치시오.

1. 아버지는 어머니보다 5년 연상이다.

five mother is older father than years.

→

2. 말은 개보다 빨리 달릴 수 있다.

faster much horses dogs can than run.

→

Test C

* 다음을 영역하시오.

1. 아버지는 어머니보다 5년 연상이다.
2. 말은 개보다 빨리 달릴 수 있다.
3. 나는 그 만큼 건강하지 않다.
4. 한국은 미국보다 매우 적다.
5. 낮의 길이가 점점 짧아져 간다.

<HINTS> 2. [매우] much 또는 far 3. […만큼 ~아니다] less ~than… 5. [길이]는 번역할 필요가 없다.

Test D

* 다음 주어진 단어들을 이용해 문장의 순서에 알맞게 바른 어순으로 고치시오.

1. 어제는 따뜻했지만 오늘은 춥다.

warm It yesterday was, is but today It colder.

→

2. 잘못 들었습니다. 좀 더 큰 소리로 말해 주십시오.

you can't hear I. speak please louder.

→

3. 시골은 도시보다 매우 물건이 싸다.

the in less city than the things expensive are country much in.

→

Test E

* 다음을 영역하시오.

1. 어제는 따뜻했지만 오늘은 춥다.
2. 잘못 들었습니다. 좀 더 큰 소리로 말해 주십시오.
3. 시골은 도시보다 매우 물건이 싸다.
4. 나는 텔레비전을 보는 것보다 책을 읽는 것이 좋다.
5. 가을이 되면 햇볕이 점점 약해진다.
6. 이번 겨울은 작년보다 눈이 적게 내렸다.

<HINTS> 1. [춥다] 여기에서는 비교급으로 된다. 2. I can't로 시작한다. [더욱 큰 소리로] louder 3. things를 주어로 한다. [싸다] 이것은 비교급으로 less expensive로 된다. 4. [~쪽이 좋다] like better 5. [점점 약하게] more and more weakly 6. We have had로 시작한다.

* 비교급을 사용하지 않고 비교를 표현하는 말은 superior와 prefer이다. 이 특징은 than 대신에 to가 오는 것이다.

<EX> I prefer swimming to skiing.

(나는 스키보다 수영을 좋아한다.)

Man is superior to animals.

(인간은 동물보다 우수하다.)

■ 정답 ■

A 1. worse 2. more, latter 3. fewer 4. It, colder 5. longer, those

B 1. Father is five years older than Mother.
2. Horses can run much faster than dogs.

C 1. Father is five years older than Mother.
2. Horses can run much faster than dogs.
3. I am less healthy than he.
4. Korea is far smaller than America.
5. Days are becoming shorter and shorter.

D 1. It was warm yesterday, but it is colder today.
2. I can't hear you. Please speak louder.
3. Things are much less expensive in the country than is the city.

E 1. It was warm yesterday, but it is colder today.
2. I can't hear you. Please speak louder.
3. Things are much less expensive in the country than is the city.
4. I prefer reading to watching television. (I like reading better than watching television.)
5. In fall, the sun shines more and more weakly.
6. We have had less snow this winter than last winter.

Chapter 24 비교 (III)

기본 영작문 Pattern

1. Tom은 우리들 중에서 가장 근면하다.

→ Tom is the most diligent of us all.

<POINTS> [근면]은 hard worker보다는 diligent가 좋다.

2. 한국은 세계 제 1의 카메라를 생산하고 있다.

→ Korea produces the best camera in the world.

<POINTS> [생산하고 있다]는 진행형으로 하지 않는다.

3. Jack은 학급에서 가장 수영이 빠르다. (잭은 학급에서 가장 빨리 수영하는 사람이다.)

→ Jack swims fastest in our class. (Jack is the fastest swimmer in our class.)

4. 이 호수는 이 주위가 제일 깊다.

→ The lake is deepest around here.

5. 그는 한국이 배출한 가장 훌륭한 과학자이다.

→ He is the most excellent scientist that Korea has ever produced.

* 최상급에서도 [동일물 중에서 비교하고 있을 때]는 the를 붙이지 않는다.

최상급을 만들 때에는 짧은 형용사·부사에는 어미에 -est를 붙인다. 긴 것(3음절 이상의 것과 2음절의 중 일부)에는 앞에 most를 붙인다.

최상급의 형용사에는 the를 붙이지만, 부사에는 붙이지 않는다.

최상급 문장에서 [~중에서]의 의미를 of 또는 in을 사용할 수 있다.

of는 of us all과 같이 비교되는 것이 이어지며 in은 in the class, in Seoul과 같이 비교되는 범위를 나타내는 말이 이어진다.

최상급은 항상 절대적인 것은 아니고 비교의 범위를 정해서 말하는 경우가 많다. the most beautiful scene that I have ever seen (내가 본 것 중에서 가장 아름다운 광경)이 가장 전형적인 형이므로 기억해 두자.

최상급은 문자 그대로 톱클래스의 그룹을 가리키는 것이다. one of the biggest cities(가장 큰 도시 중의 하나)가 대표적인 표현이다.

Test A

* 각 문장이 같은 내용의 표현이 되도록 (   ) 속에 알맞은 말을 넣으시오.

1. Father is not so tall as my brother.

= My brother is (   ) (   ) father.

= Father is (   ) (   ) my brother.

2. Mt. Bacdu is higher than any other mountain in Korea.

= Mt. Bacdu is (   ) (   ) in Korea.

= No other mountain in Korea is (   ) (   ) as Mt. Bacdu.

3. Jane can swim as fast as any other girl.

= Jane is (   ) (   ) (   ) of all the girls.

4. My brother is more interested in physics than I.

= I am (   ) (   ) in physics than any brother.

Test B

* 다음 (   ) 속에 있는 말을 바른 형태로 바꾸시오. 단, the를 붙일 필요가 있는 것도 있다.

1. I go to bed (late) than my sister.
2. Who can throw the ball (far) among you.
3. Seoul is one of (big) cities in the world.
4. The river runs (deep) here.

<HINTS> 2. far의 활용은 farther, farthest 여기에서는 부사이므로 the는 필요 없다. 4. [동일물 중에서의 비교]

Test C

* 다음 주어진 단어들을 이용해 문장의 순서에 알맞게 바른 어순으로 고치시오.

1. Mississippi강은 세계에서 가장 길다.

river Mississippi the is the longest in world the.

→

2. 철은 모든 금속 중에서 가장 쓰임이 많다.

most metals iron the all is of the useful.

→

Test D

* 다음을 영역하시오.

1. Mississippi강은 세계에서 가장 길다.
2. 철은 모든 금속 중에서 가장 쓰임이 많다.
3. Lincoln은 미국이 배출한 가장 훌륭한 사람이다.
4. 건강은 무엇보다도 중요하다.
5. 그는 항상 제일 늦게 온다.

<HINTS> 2. [철]은 관사 없다. [쓰임이 많다] useful 3. [링컨] Lincoln [배출하다] produce 또는 have를 현재분사로 한다. 4. [무엇보다도] than anything else 5. [늦게 온다] come late

* 사실상의 최상급

faster than anyone else (누구보다도 빠른)

more important than anything else (어떤 것보다 중요함)

No other train runs as fast as this (이것보다 빠른 기차는 없다.)

■ 정답 ■

A 1. taller than, shorter than 2. the highest, as high
3. the fastest swimmer 4. less interested

B 1. later 2. farthest 3. the biggest 4. deepest

C 1. The Mississippi is the longest river in the world.
2. Iron is the most useful of all the metals.

D 1. The Mississippi is the longest river in the world.
2. Iron is the most useful of all the metals.
3. Lincoln is one of the greatest men that America has ever had.
4. Health is more precious than anything else.
5. He always comes latest.

Chapter 25 수동태 (I)

기본 영작문 Pattern

1. 영어는 많은 나라에서 사용되고 있다.

→ English is used in many countries.

<POINTS> [사용되고 있다]는 be spoken으로도 좋다.

2. 우리 학교는 30년 전에 설립되었다.

→ Our school was built thirty years ago.

<POINTS> build의 활용을 잘못하는 사람이 의외로 많다.

3. 빵은 밀가루로 만들어진다.

→ Bread is made from flour.

<POINTS> [만들어지다] 원료를 나타낼 때에는 be made from, 재료를 나타낼 때에는 be made of를 쓴다. 여기에서는 전자를 사용한다.

4. 그녀의 방은 언제나 청결하게 정돈되어 있다.

→ Her room is always kept clean and tidy.

5. 내 책상은 창문 가까이에 놓여져 있다.

→ My desk is placed near the window.

<POINTS> [놓여져 있다]는 be put보다도 be placed나 be set이 좋다.

* 수동태를 만들 때에 [be동사+과거분사+by+행위자]로 알고 있는 사람이 많지만, [by+행위자]는 쓰지 않는 경우가 많다. 위의 예문에도 by~은 하나도 사용되지 않았다.

* by 다음에 와야 하는 행위자가 원문에 나타나 있지 않기 때문이다.

이것은 역으로 말하면 행위자가 확실하지 않거나 누구라도 관계없는 경우가 있다.

이와 같은 경우에 수동태가 흔히 사용된다는 것을 알아두어야 한다.

문법책에는 [수동태로 바꾸어 쓰시오.]라는 연습 문제가 자주 나오고, He painted this picture.를 This picture was painted by him.으로 고치는 것으로 가리치고 있지만 누구라도 관계없는 him이라면 by~를 붙일 필요는 전혀 없다.

Test A

* 다음 (　　) 안에 알맞은 전치사를 써넣으시오.

1. The top of the mountain is covered (　　　) snow.
2. I'm deeply interested (　　　) history.
3. He is known (　　　) a lot of people in this town.
4. I was acquainted (　　　) him only a short time ago.
5. French is not taught (　　　) our school.

<HINTS> by이외의 전치사의 모임.

Test B

* 다음 주어진 단어들을 이용해 문장의 순서에 알맞게 바른 어순으로 고치시오.

1. 이 다리는 지난해에 막 만들어졌다.

only bridge last this built year was.

→

2. 영문은 모두 대문자로 시작된다.

begun capital every is letter with a sentence English.

→

3. 근로 감사의 날이 전국에서 지켜지고 있다.

observed labor country day the thanksgiving is throughout.

→

Test C

* 다음을 영역하시오.

1. 이 다리는 지난해에 막 만들어졌다.
2. 영문은 모두 대문자로 시작된다.
3. 근로 감사의 날이 전국에서 지켜지고 있다.
4. 뉴욕은 몇 개의 섬 위에 만들어졌다.
5. 교문은 매일 아침 7시에 열려진다.

6. Lincoln은 정직의 Abe라고 불린다.

<HINTS> 1. [만들어졌다] ; was built 2. [쓰기 시작하다] ; begin 3. [근로 감사의 날] ; Labor Thanksgiving Day, [지키다] ; observe

Test D

* 다음 주어진 단어들을 이용해 문장의 순서에 알맞게 바른 어순으로 고치시오.

1. 이 문제는 우리 사이에서는 결정될 수 없다.

can't us decided this be among problem.

→

2. 그 방은 항상 난로로 따뜻해져 있다.

warm is a always the stove kept with room.

→

3. 그날에는 해롭지 않은 거짓말을 하는 것이 허락되고 있다.

are that harmless day on allowed lies.

→

4. 기구에 관해서 당시는 조금밖에 알려져 있지 않았다. 지구는 평평하다고 생각되어졌다.

earth known the little then about was. thought to It flat was be.

→

Test E

* 다음을 영역하시오.

1. 이 문제는 우리 사이에서는 결정될 수 없다.
2. 그 방은 항상 난로로 따뜻해져 있다.
3. 그날에는 해롭지 않은 거짓말을 하는 것이 허락되고 있다.
4. 기구에 관해서 당시는 조금밖에 알려져 있지 않았다. 지구는 평평하다고 생각되어졌다.
5. 자유의 여신상은 야간에 강한 빛으로 밝혀지고, 주위의 수마일에서 볼 수 있다.
6. 그 조각은 프랑스에서 제작되어, 미국으로 운반되어 뉴욕 항에 만들어진 돌로 된 기초위에 자리 잡고 있다.
7. 그 책은 그림이 많이 들어 있어서 아이들도 쉽게 읽을 수 있다.
8. 저 전설들은 부모부터 자식에게까지 전해져 온 것이다.

<HINTS> 1. [결정하다] ; decide 2. [따뜻해지다] ; keep warm 3. [해롭지 않다] ; harmless 4. little was known 5. [자유의 여신상] ; the Statue of Liberty, [볼 수 있다] ; can be seen 6. [제작하다] ; create 7. [~이 가득 차 있다] ; be filled with~, [을 전하다], ; pass on to~, [전설] ; folk tales

* 수동태에 관한 발상의 전환 - 수동태는 능동태에서 바꾸어 쓸 수 있는 것은 아니다. 처음부터 수동태로 표현하고, 말하는 것이 영어의 발상법인 것이다. [그는 밥이라는 이름이다.]는 직역하면 He is (or named) Bob.라고 영역해야 한다.

■ 정답 ■

A 1. with 2. in 3. to 4. with 5. in

B 1. This Bridge was built only last year.
2. Every English sentence is begun with a capital letter.
3. Labor Thanksgiving Day is observed throughout the country.

C 1. This Bridge was built only last year.
2. Every English sentence is begun with a capital letter.
3. Labor Thanksgiving Day is observed throughout the country.
4. New York city is built on some Islands.
5. The school gate is opened at seven every morning.
6. Lincoln was called "Honest Abe".

D 1. This problem can't be decided among us.
2. The room is always kept warm with a stove.
3. Harmless lies are allowed on that day.
4. Little was known about the earth then. It was thought to be flat.

E 1. This problem can't be decided among us.
2. The room is always kept warm with a stove.
3. Harmless lies are allowed on that day.
4. Little was known about the earth then. It was thought to be flat.
5. The Statue of Liberty is lighted up with strong lights at night and

is seen for miles around.

6. The statue was created in France, carried to America, and was placed on the stone foundation built in New York harbor.
7. The book is filled with pictures and is easily read by small children.
8. Those folk tales have been passed on from parents to children.

Chapter 26 수동태 (II)

기본 영작문 Pattern

1. 태풍이 온다는 소리를 듣고, 사람들은 부들부들 떨었다.

→ People were frightened to hear the coming of the typhoon.

<POINTS> [부들부들 떨다]는 be frightened라는 수동이 된다. [온다는 소리를 듣고]는 to hear the coming.

2. 과학자들은 그 실험의 결과에 만족했다.

→ The scientists were satisfied with the result of the experiment.

<POINTS> [~에 만족하다]는 be satisfied with~

3. 많은 사람들이 매년 교통사고로 죽거나 부상을 당한다.

→ A lot of people are killed or injured in the traffic accident every year.

<POINTS> [사상하다]는 be killed or injured, [사고로]는 by를 사용하지 않고 in the accident를 쓴다.

4. 그 배는 폭풍우로 난파당했다.

→ The ship was wrecked in a storm.

<POINTS> [난파되다]는 be wrecked. 배에는 한정되지 않는다. 차에도 사용된다. [폭풍우로] in a storm.

5. 그녀는 18세에 결혼하고 20세에 이혼했다.

→ She was married at eighteen and was divorced at twenty.

<POINTS> [결혼하다] be married, [이혼하다] be divorced

6. 은행은 시내의 어느 곳에서도 있다.

→ Banks are found everywhere in the city.

<POINTS> 존재를 나타내는 [있다]는 there is로 쓰는 것은 물론이지만, 수동태에서 사용할 때는 be found, be seen 등도 자주 사용된다.

* [놀라다]를 be surprised라고 수동으로 나타내는 것은 잘 알고 있지만, 감정의 움직임을 나타낼 때, 영어에서는 수동태로 되는 일이 많다. 또한 [~를 듣고 놀라다]가 되면 be surprised with(at, to hear)의 세 가지를 쓸 수 있다.

* [사고]의 표현은 본인의 의지로 이루어지는 것이 아니므로 수동으로 표현된다. [(사고로) 죽다]도 die가 아니고 be killed를 쓴다.

* [결혼하다]도 [이혼하다]도 모두가 타동사이기 때문에 수동태로 사용된다.

Test A

* 다음 주어진 단어들을 이용해 문장의 순서에 알맞게 바른 어순으로 고치시오.

1. 우리들은 그 연극을 보고 재미있어 했다.

amused play we see were to the.

→

2. 아이들은 그 이야기를 듣고 깜짝 놀랐다.

story to children the hear were the scared.

→

3. 그의 실패의 소식을 듣고 그들은 실망했다.

at failure news they of were the his disappointed.

→

Test B

* 다음을 영작하시오.

1. 우리들은 그 연극을 보고 재미있어 했다.
2. 아이들은 그 이야기를 듣고 깜짝 놀랐다.
3. 그의 실패의 소식을 듣고 그들은 실망했다.
4. 학생들은 자기 학교 팀이 져서 실망했다.
5. 그들은 지진으로 놀랐다.
6. 청중은 그의 연주에 감동해서 눈물을 흘렸다.
7. 아기는 움직이는 장난감을 재미있어 했다.

<HINTS> 1. be amused 2. be scared 3.4. be disappointed ; [실망했다] be defeated 5. be shocked 6. be moved to tears

Test C

* 다음 주어진 단어들을 이용해 문장의 순서에 알맞게 바른 어순으로 고치시오.

1. 수영장에서 익사하는 사람도 있다.

swimming some the drowned are pool in people.

→

2. 가족 중 한 사람이 그 화재로 불에 타 죽었다.

family to the burned in one fire of was the death.

→

Test D

* 다음을 영작하시오.

1. 수영장에서 익사하는 사람도 있다.
2. 가족 중 한 사람이 그 화재로 불에 타 죽었다.
3. 그는 지난 주 병이 나서 입원했다.
4. 그의 아버지는 자동차 사고로 죽었다.
5. 기차가 탈선했기 때문에 5시간 동안 기다려야 했다.

<HINTS> 1. be drowned 2. be burned to death 3. be taken ill ; be sent to hospital 5. be derailed

Test E

* 다음 주어진 단어들을 이용해 문장의 순서에 알맞게 바른 어순으로 고치시오.

1. 이 책은 세 부분으로 나뉘어져 있다.

three book divided into is this parts.

→

2. 문은 닫혀져 있었지만, 안에서 소리가 났다.

door closed the was, was inside but voice from a heard.

→

3. 나는 내가 옳다는 것을 확신하고 있다.

that am right I convinced I am.

→

4. 그는 한국에서 태어나서 자라고 교육도 받았다.

Korea born in was he, Korea brought and in was up educated also.

→

Test F

* 다음을 영작하시오.

1. 이 책은 세 부분으로 나뉘어져 있다.

2. 문은 닫혀져 있었지만, 안에서 소리가 났다.

3. 나는 내가 옳다는 것을 확신하고 있다.

4. 그는 한국에서 태어나서 자라고 교육도 받았다.

5. 우리들은 도중에서 길을 잃을지도 모른다.

6. 우리 형은 테니스를 치면 지는 일이 없다.

7. 한국에서는 아이들이 모두 7살이 되면 학교에 들어간다.

8. 그의 아버지는 전에 외국 무역에 종사했다.

9. 크리스마스 저녁에는 맛있는 음식이 나온다.

<HINTS> 1. be divided in to 2. [소리가 들렸다] ; A voice was heard 3. be3 convinced 4. be born ; be brought up 5. be lost 6. be beaten 7. be sent to school 8. be engaged in 9. be served

* [~을 확신하고 있다]는 우리말에서 수동으로 사용하지 않지만 영어에서는 수동의 형태로 be convinced of~가 된다. 이것은 관형어 법이기 때문에 전치사도 함께 암기해 두자. 그 외에 be engaged in~ (~에 종사하다), be troubled with~ (~으로 고민하다) 등.

■ 정답 ■

A 1. We were amused to see the play.

2. The children were scared to hear the story.

3. They were disappointed at the news of his failure.

B 1. We were amused to see the play.

2. The children were scared to hear the story.

3. They were disappointed at the news of his failure.

4. The students were discouraged when their team was defeated.

5. They were shocked at the earthquake.

6. The audience was moved to tears to hear his performance.

7. The baby was much amused to see the moving toy.

C 1. Some people are drowned in the swimming pool.

2. One of the family was burned to death in the fire.

D 1. Some people are drowned in the swimming pool.

2. One of the family was burned to death in the fire.

3. He was taken ill last week and was sent to hospital.

4. His father was killed in a car accident,

5. Our train was derailed and we were kept waiting for five hours.

E 1. This book is divided into three parts.

2. The door was closed, but a voice was heard from inside.

3. I am convinced that I am right.

4. He was born in Korea, was also brought up and educated in Korea.

F 1. This book is divided into three parts.

2. The door was closed, but a voice was heard from inside.

3. I am convinced that I am right.

4. He was born in Korea, was also brought up and educated in Korea.

5. We may be lost on the way.

6. My brother has never been beaten in the tennis match.

7. In Korea, every child is sent to school at the age of seven.

8. His father used to be engaged in foreign trade.

9. A big dinner is served on Christmas night.

Chapter 27 화법 (I)

기본 영작문 Pattern

(* 다음의 예문들은 직접화법과 간접화법 두 가지로 영작했다.)

1. 그는 [기쁘다]라고 말한다.

→ He says, "I am glad."

He says that he is glad.

<POINTS> 화법에는 직접화법·간접화법이 있다. 일반적으로 직접화법은 쉽고, 간접화법은 여러 가지 문제점이 있다. 화법의 문제는 항상 두 가지 사항을 포함하고 있다. 하나는 [인칭의 전환]이고, 다른 하나는 [시제의 일치]에 있다.
위 문장에서 그는 [기쁘다]라고 말하고 있을 때, [기쁘다]의 주어는 I이지만 그 일을 제 3자에게 전할 때에는 그 주어가 he로 변해야 한다.

2. 그는 "기쁘구나." 라고 말했다.

→ He said, "I am glad."

He said that he was glad.

<POINTS> (그는 [기쁘구나]라고 말했다.) 이 문장은 시제의 문제와 관계가 잇다. [말했다]라고 말한 과거의 시점과 그가 [기쁘다]라고 말한 시점과는 동일한 과거이므로 그것도 과거로 해야 한다.

이 표현 방법은 논리적으로 바른 표현일지 모르지만, 우리말에서는 그건 틀리기 쉬운 어법이다.

3. 그는 "나는 스키를 탈 수 있다." 라고 말한다.

→ He says, "I can ski."

He says that he can ski.

<POINTS> 앞에서 상대방에게 말했던 일이 처음부터 과거였다면, 제 3자에게 전할 때에는 과거완료 시제로 해야 한다.

4. 그는 "나는 스키를 탈 수 있다." 라고 말했다.

→ He said, "I can ski."

He said that he could ski.

<POINTS> 단순히 말하면 He said라고 과기로 쓰기 시자한 글은 that이하의 시제는 내용이 현재라도 과거형으로 되고, 만약 처음부터 과거 또는 현재완료였다면 과거완료로 된다.

5. 그녀는 "나는 음악을 좋아한다."라고 말했다.

→ She said, "I like music."

She said that she like music.

6. 그녀는 나에게 "그 책을 이미 읽었다." 라고 말했다.

→ She sid to me, "I have already read the book."

She told me that she had already read the book.

Test A

* 다음 문장의 뜻이 서로 같도록 (　　　) 안에 바른 말을 써넣으시오.

1. He says , I am hungry."

   He says that (　　　) (　　　).

2. She says, "I am busy now."

   She says that (　　　) (　　　).

3. Jack said, "I am very happy."

   Jack said that (　　　) (　　　).

4. He said to me, "I know your brother."

   He told me that (　　　) (　　　) (　　　) brother.

5. Father said to my little sister, "I will buy you a nice doll.

   Father told my little sister that (　　　) (　　　) buy (　　　) a nice doll.

Test B

* 다음 주어진 단어들을 이용해 문장의 순서에 알맞게 바른 어순으로 고치시오.

1. 그는 나에게 "안색이 안 좋다." 라고 말했다.

said tome he, "look pale You."

me pale I told he that looked.

→

→

2. 선생님은 "Tom은 좋은 아이다." 라고 말했다.

said teacher the, "a Tom good is boy."

that a teacher Tom said good was the boy.

→

→

3. Bill은 "그것도 맛있는 파이다." 라고 말했다.

said Bill, "pie good It's a."

it a was that said pie Bill good.

→

→

4. 아버지는 "그것은 재미있는 뉴스다." 라고 말했다.

said father, " an news is interesting it."

an it father was news said interesting that.

→

→

5. 어머니는 "저녁 식사 준비가 됐어요." 라고 말했다.

said mother, " is ready dinner."

that ready said was dinner mother.

→

→

6. Betty는 "사과가 맛있었다." 라고 말했다.

said betty, " apple nice was the."

had that Betty nice the tasted apple said.

→

→

Test C

* 다음을 영작하시오. (직접·간접화법으로…….)

1. 그는 나에게 "안색이 안 좋다." 라고 말했다.
2. 선생님은 "Tom은 좋은 아이다." 라고 말했다.
3. Bill은 "그것도 맛있는 파이다." 라고 말했다.
4. 아버지는 "그것은 재미있는 뉴스다." 라고 말했다.
5. 어머니는 "저녁 식사 준비가 됐어요." 라고 말했다.
6. Betty는 "사과가 맛있었다." 라고 말했다.
7. Tom은 나에게 "도와주겠다." 라고 말했다.
8. 나는 Tom에게 "일은 이미 마쳤다." 라고 말했다.
9. 그는 나에게 " 너는 학교에 늦을지도 모른다." 라고 말했다.
10. 형은 나에게 "나는 너보다 빨리 수영할 수 있다."라고 말했다.
11. Jim은 나에게 "오늘아침, 너에게 전화했었다." 라고 말했다.
12. George는 나에게 "나는 야구를 다른 무엇보다도 더 좋아한다." 라고 말했다.

<HINTS> 1. [안색이 안 좋다] ; look pale 3. [맛있다] ; nice ; good 5. [저녁 식사] ; dinner [준비되다] ; be ready 6. taste 또는 find를 사용한다. 8. [일]을 주어로 하면 수동태, [나]를 주어로 하면 능동태가 된다. 9. [~에 늦지 않도록] ; be late for~ 11. [~에 전화하다] ; call ~up 12. [무엇보다[; than anything else

* 화법 전환의 요점 - [화법]의 전환 문제는 많지만, 착안점은 [인칭의 전환]과 [시제의 일치]에 있다.

* 과거완료 형의 이중성 - [직접화법]의 과거형이 [간접화법]에서 과거 완료형으로 되지만 현재완료도 과거완료로 되는 점을 잊어서는 안 된다.

■ 정답 ■

A 1. he is 2. she is 3. he was 4. he knew my 5. he would, her

B 1. He said tome, "You look pale."
He told me that I looked pale.
2. The teacher said, "Tom is a good boy."
The teacher said that Tom was a good boy.
3. Bill said, "It's a good pie."
Bill said that it was a good pie.
4. Father said, "It is an interesting news."
Father said that it was an interesting news.
5. Mother said, "Dinner is ready."
Mother said that dinner was ready.
6. Betty said, "The apple was nice."
Betty said that the apple had tasted nice.

C 1. He said tome, "You look pale."
He told me that I looked pale.
2. The teacher said, "Tom is a good boy."
The teacher said that Tom was a good boy.
3. Bill said, "It's a good pie."
Bill said that it was a good pie.
4. Father said, "It is an interesting news."
Father said (remarked) that it was an interesting news.

5. Mother said, "Dinner is ready."

Mother said (announced) that dinner was ready.

6. Betty said, "The apple was nice."

Betty said that the apple had tasted nice.

7. Tom said to me, "I will help you."

Tom told me that he would help me.

8. I said to Tom, "I have already finished the work."

I answered Tom that I had already finished the work.

9. He said to me, "You may be late for school."

He warned me that I might be late for school.

10. My brother said to me, "I can swim faster than you."

My brother declared to me that he could swim faster than I.

11. Jim said to me, "I called you up this morning."

Jim told me that he had called me up this (that) morning.

12. George said to me, "I like baseball better than anything else."

George told me that he liked baseball better than anything else.

Chapter 28 화법 (II)

 기본 영작문 Pattern

1. 그는 나에게 "너는 낚시를 좋아하니?" 라고 물었다.

→ He said to me, "Do you like fishing?"

He asked me if I liked fishing.

2. 그는 나에게 "스케이트를 탈 수 있습니까?" 라고 물었다.

→ He asked to me, "Can you skate?"

He asked me if I could skate.

3. 어머니는 나에게 "먼저 집에 오니?" 라고 물었다.

→ Mother said to me, "Where are you going?"

Mother asked me when I had come home.

4. 아버지는 나에게 "어디에 갔니?" 라고 물었다.

→ Father said to me, "Where are you going?"

Father asked me where I was going.

5. 나는 아버지에게 "무엇을 찾고 계십니까?" 라고 말했다.

→ I said to my father, "What are you looking for?"

I asked my father what he was looking for.

6. 선생님은 베티에게 "나의 질문에 대답하세요."라고 말했다.

→ The teacher said to Betty, "Answer my question."

The teacher told, Betty to answer his question.

<POINTS> 의문문의 화법 전환에도 [인칭의 전환]과 [시제의 일치]가 요점.

의문문의 경우 특성은 접속사의 다루는 방법에 있다.

평서문의 경우는, 간접화법에 사용되는 접속사는 흔히 that이고, 생략도 가능하다.

전하는 내용이 [의문사가 없는 의문문]일 때는, 접속사는 if (또는 whether)을 쓴다.

<EX> He asked me if was tired.

이 if는 that과는 달리 생략할 수 없다. 이것은 [~인가 어떤가]의 의미이고 [만약]은 아니다. whether로도 좋지만 if가 짧고 사용하기 쉽기 때문에 if를 사용하면 좋다.

앞의 사항이 [의문사 있는 의문문]일 때는, 의문사를 그대로 접속사로 사용하고, 주어와 동사의 순서를 바꾼다.

<EX> He asked me where I lived.

명령문 화법 전환에 있어서의 특징은 전하는 내용을 부정사로 나타내는 것이다.

<EX> He told me to do so. 또 하나 변하는 것은 예문의 told가 어조에 따라서 ask, order, advise 등으로 쓰이는 점이다.

Test A

* 각 글의 문장의 뜻이 같도록 (　　　) 안에 알맞은 말을 써넣으시오.

1. I said to him, " Can you play the piano?"

   I asked him (　　　) (　　　) (　　　) play the piano.

2. I said to him, "Will you come to see me again?"

   I asked him (　　　) (　　　) (　　　) come to see me again.

3. A stranger said to me, "Where is the post office?"

   A stranger asked me (　　　) the post office (　　　).

4. He said to me, "When will you go abroad?"

   He asked me (　　　) (　　　) (　　　) go abroad.

5. Mother said to me, "Come home by six and help me cook."

   Mother (　　　) me (　　　) come home by six and help (　　　) cook.

Test B

* 다음 주어진 단어들을 이용해 문장의 순서에 알맞게 바른 어순으로 고치시오.

1. 그는 나에게 "영어를 말할 수 있습니까?" 라고 물었다.

to he me said, " speak can English you?"

if speak me English could he I asked.

→

→

2. 나는 그에게 "들어가도 좋습니까? 라고 물었다.

to I him said, " come may in I."

I in if I come him might asked.

→

→

3. Betty는 나에게 "Ted라는 아이를 알고 있습니까?" 라고 물었다.

to Betty me said, "a Ted do know boy you named?"

I named boy asked Ted knew if a Betty me.

→

→

4. 나는 그에게 "무슨 책을 읽고 있니?" 라고 물었다.

to said him I, "are reading what you book?"

what he asked reading I was him book.

→

→

5. 나는 그에게 "왜 Mary는 저렇게 기분이 좋니?" 라고 물었다.

him said to I, "happy mary and why so is gay?

why gay asked and so I was happy him Mary.

→

→

6. 나는 그에게 "지금까지 어디에 갔었니?" 라고 물었다.

said him I to, "have been where you?"

where been asked I had he him.

→

→

Test C

* 다음을 영작하시오. (직접·간접으로…….)

1. 그는 나에게 "영어를 말할 수 있습니까?" 라고 물었다.
2. 나는 그에게 "들어가도 좋습니까? 라고 물었다.
3. Betty는 나에게 "Ted라는 아이를 알고 있습니까?" 라고 물었다.

4. 나는 그에게 "무슨 책을 읽고 있니?" 라고 물었다.

5. 나는 그에게 "왜 Mary는 저렇게 기분이 좋니?" 라고 물었다.

6. 나는 그에게 "지금까지 어디에 갔었니?" 라고 물었다.

7. 나는 어머니에게 "아버지가 몇 시에 집에 오시죠?" 라고 물었다.

8. 어머니는 나에게 "어둡기 전에 집에 오너라." 라고 말했다.

9. In-su는 선장에게 "미국에 데려다 주십시오." 라고 말했다.

10. 장교는 병사들에게 "말에게 물을 주어라." 라고 명령했다.

11. 의사는 나의 아버지에게 "술을 끊으시오." 라고 충고했다.

12. 나는 그에게 "이 우산은 누구 것입니까?" 라고 물었다.

<HINTS> 2. may → might 3. [Ted라는 아이] ; a boy named Ted 4. [무슨 책] ; what book 5. [기분이 좋다] ; happy and gay 6. 완료형을 쓴다. 7. [귀가하다]는 미래형 8. [어두워지기 전에] ; before dark 10. [병사들]은 his men이 좋다. 11. [술을 끊다] ; stop drinking.

* ask의 두 가지 의미

ask에는 원래 [요청하다]와 [묻다]의 의미가 있다. 뒤에 부정사가 올 때에는 [요청하다] 이고, 의문사가 오면 [묻다]로 되는 것은 영문을 읽을 때에도 필요한 지식이다.

* 의문사·뒤의 어순이 변하지 않는 예.

He asked who would come with me.

■ 정 답 ■

A 1. If he could 2. If he would 3. where, was 4. when I would
5. told, to, her

B 1. He said to me, "Can you speak English?"
He asked me if I could speak English.
2. I said to him, "May I come in?"
I asked him if I might come in.
3. Betty said to me, "Do you know a boy named Ted?"
Betty asked me if I knew a boy named Ted.
4. I said to him, "What book are you reading?"
I asked him what book he was reading.
5. I said to him, "Why is Mary so happy and gay?"
I asked him why Mary was so happy and gay.
6. I said to him, "where have you been?"
I asked him where he had been.

C 1. He said to me, "Can you speak English?"
He asked me if I could speak English.
2. I said to him, "May I come in?"
I asked him if I might come in
3. Betty said to me, "Do you know a boy named Ted?"
Betty asked me if I knew a boy named Ted.
4. I said to him, "What book are you reading?"

I asked him what book he was reading.

5. I said to him, "Why is Mary so happy and gay?"

   I asked him why Mary was so happy and gay.

6. I said to him, "where have you been?"

   I asked him where he had been.

7. I said to my mother, "What time will father come home?"

   I asked my mother what time father would come home.

8. Mother said to me, "Come home before dark."

   Mother told me to come home before dark.

9. In-su said to the captain, "Take me to America."

   In-su asked the captain to take him to America.

10. The officer said to his men, "Give water to the horses."

    The officer ordered his men to hive water to the horses.

11. The doctor said to my father, "Stop drinking."

    The doctor advised my father to stop drinking.

12. I said to him, "Whose umbrella is this?"

    I asked him whose umbrella this (that) was.

Chapter 29 부정 표현 (I)

기본 영작문 Pattern

1. 나는 속리산에 오른 적이 한 번도 없다.

→ I have never climbed Mt. Sogri.

<POINTS> [~한 적이 한 번도 없다]는 현재 완료형이고, 부정은 never를 사용하면 좋다.

2. 어두운 밤하늘에는 한 개의 별도 볼 수 없었다.

→ No stars were to be seen in the dark sky.

<POINTS> No stars를 주어로 하면 수동태를 사용할 수 있다. Not a single star로 하면 의미가 강조된다.

3. 우산도 없이 빗속을 걷는 사람은 거의 없다.

→ Few people walk in the rain with out an umbrella.

<POINTS> [거의 없다]는 Few people을 주어로 하면 좋다.

<EX> Few people live to be a hundred. (100세까지 사는 사람은 거의 없다.)

4. 누구도 그의 마음을 바꾸지 못한다.

→ Nothing will change his mind.

<POINTS> [무슨 일이 있어도 ~하지 않는다]가 [아무것도 ~하지 않는다]라고 생각해서 Nothing will로 시작한다.

5. 그들은 모두 거짓말쟁이이다. 어떤 사람도 믿을 수 없다.

→ They are all liars. I can rely on none of them.

<POINTS> [아무도 ~하지 않는다]는 none of them으로 쓴다.

* 영어의 부정 표현은 변화가 있고, don't, can't 등으로 동사를 부정하는 것만은 아니다. no를 붙인 명사를 주어 또는 목적어로 사용하는 것만으로도 문장을 부정할 수 있다.

<EX> No children are admitted. I have no time today.

nobody나 nothing과 같이 독립된 부정어가 주어와 목적어가 될 수 있다.

<EX> Nobody came to help me. He wants nothing else.

never와 같은 경우 전체부정에 대한 것이고, 준 부정으로 할 수 있는 것에는 hardly, seldom 등이 있다.

모두 활용하지 않는다.

no에 대해서는 few, little 등이 준 부정 역할을 한다.

Test A

* 다음의 부정문을 준 부정으로 바꿔 쓸 경우, 다음 (　　　) 안에 적당한 말을 써 넣으시오.

1. We have no snow here even in winter.

   We have (　　　) snow here even in winter.

   We have (　　　) any snow here even in winter.

2. I have never seen him lately.

   I have (　　　) seen him lately.

   I have seen (　　　) of him lately.

3. He has no friends in Japan.

   He has (　　　) friends in Japan.

   He has (　　　) any friends in Japan

Test B

* 다음 주어진 단어들을 이용해 문장의 순서에 알맞게 바른 어순으로 고치시오.

1. 학생들은 어느 누구도 그 문제를 풀 수 없었다.

the could solve students problem few.

→

2. 편지는 한 번도 개봉되지 않았다.

of were none letters the opened.

→

3. 시간보다 귀중한 것은 없다.

time more than is nothing precious.

→

4. 부상당한 호랑이 보다 위험한 동물은 없다.

dangerous a is no wounded than more animal tiger.

→

5. 정직하지 않으면, 아무도 너를 신뢰하지 않을 것이다.

honest will you one no you trust are unless.

→

6. 나의 친구로 그보다 시간을 지키는 사람은 없다.

friend as none are my punctual as of he.

→

Test C

* 다음을 영작하시오.

1. 학생들은 어느 누구도 그 문제를 풀 수 없었다.

2. 편지는 한 번도 개봉되지 않았다.

3. 시간보다 귀중한 것은 없다.

4. 부상당한 호랑이 보다 위험한 동물은 없다.

5. 정직하지 않으면, 아무도 너를 신뢰하지 않을 것이다.

6. 나의 친구로 그보다 시간을 지키는 사람은 없다.

7. 이 보다 빠른 기차는 한국밖에 없다.

8. 내일은 학교에 가지 않기 때문에 오늘 밤 할 일이 없다.

9. 돈과 여가를 바르게 사용하는 방법을 아는 사람은 적은 것 같다.

10. 이 사실에 대해서 거의 주의하고 있지 않다.

11. 금주는 텔레비전을 즐겨 볼 시간이 거의 없다.

12. 그가 아파서 누워 있다는 것을 상상도 할 수 없었다.

13. 그의 비밀 계획에 대하여, 나는 전혀 아무 것도 알지 못한다.

<HINTS> 1. Few students 2. None of the letters were 3. Nothing is mote precious 4. No animal is more dangerous 5. unless ; no one will 6. None of my friends are 7. No other train in Korea 8. there is에도 I have에도 쓸 수 있다. 9. [여가] ; leisure(hours) 11. scarcely any time 12. not in the least imagine 13. nothing whatever

* none, no one, nobody

[아무도 ~하지 않다]의 의미에서는 none은 문어이다. no one이나 nobody를 사용하는 것이 좋다. 단, none of them의 형으로 되면 none을 사용해도 좋다.

부정을 강조하는 표현에는 not at all, not in the least, nothing whatever 등이 있다.

■ 정답 ■

A 1. little, hardly 2. seldom, little 3. few, scarcely

B 1. Few students could solve the problem.
2. None of the letters were opened.
3. Nothing is more precious than time.
4. No animal is more dangerous than a wounded tiger.
5. No one will trust you unless you are honest.
6. None of my friend are as punctual as he.

C 1. Few students could solve the problem.
2. None of the letters were opened.
3. Nothing is more precious than time. (Nothing is as precious as time.)
4. No animal is more dangerous than a wounded tiger.
5. No one will trust you unless you are honest.
6. None of my friend are as punctual as he.
7. No other train in Korea runs so fast as this.
8. Since there is no school tomorrow, there is nothing to do this evening.
9. Few people seem to know the proper use of time and leisure.
10. Little attention is paid to this fact.
11. I have scarcely had any time to enjoy watching television.
12. I didn't in the least imagine that he was sick in bed.
13. I know nothing whatever about his secret intention.

Chapter 30 부정 표현 (III)

기본 영작문 Pattern

1. 모든 사람이 친절하고 정직하지는 않다.
→ Not everybody can be kind and honest.

<POINTS> [모두가 ~하는 것은 아니다]는 Not everyone으로 시작한다.

2. 반짝이는 것이 반드시 모두 금인 것은 아니다.
→ All is not gold that glitters.

<POINTS> [반짝이다]는 여기에서 glitter를 쓴다.

3. 그의 부모 모두를 알고 있지는 않다.
→ I don't know both of his parents.

<POINTS> [양쪽 모두 ~하고 있지는 않다]는 [한쪽만 ~하다]의 의미이다.

* 이상의 표현을 부분부정이라 한다. 부분부정의 일반적인 표현은 not ~에, not ~every, not ~both 형태를 취한다. 또 부사에서는 not always, not necessarily가 자주 사용된다.

* 부분부정의 가장 잘못하기 쉬운 점은 전체부정과의 혼동에 있다. [그의 친구들은 모두 찬성하지 않았다.]를 All his friend did not agree.라 하면 부분부정이 되어 버린다. None of his friends agreed.라 해야 한다.

4. 한국인이면 이 노래를 모르는 사람은 없다.

→ There is no koreans who doesn't know this song.

<POINTS> [~하지 않은 사람은 없다]의 표현을 이중부정이라 한다. 의미로는 [누구도 ~한다]의 뜻이지만, 강조하는 어조가 있으므로 이 이중부정 형식이 자주 사용된다. 이 예문의 경우도 Every Koreans knows this song.로는 너무 평이한 느낌으로 된다.

5. 버스에 오래 타고 있으면 반드시 멀미가 난다.

→ I never ride a bus for a long time without getting sick.

<POINTS> […하면 반드시 ~한다]라고 말하는 문형은 not… without ~ing가 된다. [~하지 않고는 하는 일은 없다]라는 뜻이 되므로 이중부정이라는 점은 알 수 있을 것이다.

Test A

* 다음 각 문장을 전체부정과 부분부정이 되도록 (   ) 안에 알맞은 말을 써넣으시오.

1. I don't want (   ) of these flowers.
   I don't want (   ) of these flowers.

2. She did not buy (   ) hat.
   She did not buy (   ) hats.

3. It is not harmful to children (   ) all.
   It is not (   ) harmful to children.

4. (   ) of them came to see me yesterday.
   (   ) all of them came to see me yesterday.

Test B

* 다음 주어진 단어들을 이용해 문장의 순서에 알맞게 바른 어순으로 고치시오.

1. 스키와 부츠를 양쪽 모두 살 수는 없다.

and both once skis at buy can't I boots.

→

2. 나는 양쪽 파티에 같은 시간에 참석할 수는 없다.

attend at time parties the I same can't both.

→

3. 모든 학생이 부지런한 것은 아니다.

be students not can all diligent.

→

Test C

* 다음을 영작하시오.

1. 스키와 부츠를 양쪽 모두 살 수는 없다.
2. 나는 양쪽 파티에 같은 시간에 참석할 수는 없다.
3. 모든 학생이 부지런한 것은 아니다.
4. 텔레비전이 아이들에게 항상 해로움을 끼치는 것은 아니다.
5. 젊은 사람들이 모두 강하고 건강한 것은 아니다.
6. 친절이 반드시 우리를 환영하는 것은 아니다.

<HINTS> 1. [스키와 부츠 양쪽 모두] ; both skis and boots 3. Not every student can be 4. [해로운] ; harmful 5. All young people 6. [환영하다] ; welcome

Test D

* 다음 주어진 단어들을 이용해 문장의 순서에 알맞게 바른 어순으로 고치시오.

1. 예외 없는 규칙은 없다.

rule no there exceptions is without.

→

2. 그는 탁구를 하면 반드시 승리한다.

ping-pong never without plays winning he.

→

3. 이 일을 모르는 사람은 아무도 없다.

don't are few who know there this people.

→

Test E

* 다음을 영작하시오.

1. 예외 없는 규칙은 없다.
2. 그는 탁구를 하면 반드시 승리한다.
3. 이 일을 모르는 사람은 아무도 없다.
4. 교통사고 보도가 없는 날은 없다.
5. 얼굴을 씻지 않고 아침 식사를 먹은 적은 한 번도 없다.
6. 나의 아주머니는 방문할 때 항상 과자를 사 온다.

<HINTS> 1. [예외 없다] ; without exceptions 2. never ~without ~ing 3. There are few people who 4. not a day pass 5.6. never ~without ~ing

* Few peopled. …와 There are few people who do …의 두 가지 표현은 같은 의미이다. 그러나 [~하는 사람은 조금도 없다]의 경우에는 두 가지 표현 모두 가능하지만, [~않는 사람은 조금도 없다]일 때에는 There are few people who don't …를 쓰는 것이 편리하다.

■ 정답 ■

A 1. any, all 2. either, both 3. at, always 4. None, Not

B 1. I can't buy both skis and boots at once.
2. I can't attend both parties at the same time.
3. Not all students can be diligent.

C 1. I can't buy both skis and boots at once.
2. I can't attend both parties at the same time.
3. Not all students can be diligent.
4. Television is not always harmful to children.
5. Not all young people are strong and healthy.
6. Kindness is not always welcome to us.

D 1. There is no rule without exceptions.
2. He never plays ping-pong without winning.
3. There are few people who don't know this.

E 1. There is no rule without exceptions.
2. He never plays ping-pong without winning.
3. There are few people who don't know this.
4. Not a day passes that there is no traffic accident reported.
5. I have never eaten breakfast without washing my face.
6. My aunt never calls on us without bringing us candies.